祈りの科学の量子療法

ドクターが評価するAIプログラムがあなたの人生を好転させる

祈りのセラピー創始者
紫波光太郎

はじめに

あなたの日常生活のなかに「祈り」は存在していますか？

我が子の受験の合格を祈る、家族の無事を祈る、初詣で一年の幸せを祈る、素敵な出会いがあるように祈る……。医療現場のドキュメンタリーでは、有能な外科医が手術前に手を合わせる場面をよく目にします。

手を合わせて祈りを捧げた経験は、誰にでもあるのではないでしょうか。祈りとは、不安や恐怖から解放されて安心するための行為であり、心の拠《よ》り所となるものです。

あなたにとって「祈り」とは何ですか？

あなたにとって「拠り所」とは何ですか？

２０１１年3月11日に起こった未曾有《みぞう》の大地震、東日本大震災。

誰もが天に祈りを捧げました。

あの震災は、地球の大変動のはじまりを告げるものでした。新しい時代を迎えて、これから世界中で、祈りの必要性を実感するような出来事が起こってくるでしょう。そのようなとき、私が生み出した「祈りのセラピー」が、きっと役に立つことでしょう。私の守護天使から降ろされた知恵に従って、多くの人がこれから起こるさまざまな試練を乗り越え、この大変革の時代を生き抜いていってほしいのです。

何を信じればいいのか――。膨大な情報に攪乱《かくらん》されるこの時代に、守護天使はあなたを守り、正しい道へと導くためだけに存在しています。守護天使の存在を信じてください。そして、守護天使とつながって生きることで、正しく判断し行動できるようになります。

「祈りのセラピー」とは、ご祈祷による治療だと考えてください。

昔は、ご祈祷により多くの病気やさまざまな問題を解決していました。私の研究によると、その当時の治癒率は、現代の医療による治癒率よりも高く、驚くべき効果を上げていたことが判っています。しかも、病気だけではなく、あらゆる悩みの解決にご祈祷が使われていました。

近年では脳科学者たちも「祈り」に注目しはじめています。「前向きな心」「感謝」「人を想う祈り」が脳を活性化し、免疫力を高めることが証明されてきています。

私が独自開発した「ＳＶ－１エンジェル３」**は、ご祈祷の原理をソフトウェアで表現したＵＳＢデバイスで、パソコンに接続してご祈祷を行うことができる画期的なものです。**

私は２００７年に「エンジェル３」の原点となるエネルギーセラピー機器「ＳＶ－１」を開発しました。

エネルギーセラピーとは、「生命情報」を刺激として心身に伝える療法です。エネルギー療法がこれからの医療を変えるといわれています。

エネルギー療法のなかには、みなさんがよくご存知のものもあります。

東洋医学で何千年も前から受け継がれてきた鍼《はり》治療がそのひとつです。経穴《つぼ》を鍼で刺激することによりホルモン分泌が促され、痛みが緩和するなどの効果がもたらされます。

そして、西洋で研究されてきた電磁ホメオパシーコードによる波動療法もまた、エネルギー療法の代表です。さまざまな臓器や毒素、感情までも周波数に変換されて、直接、または水などに転写して体に流すことによって、治療効果を引き起こします。

これまでの西洋医学のように薬の投与や手術による対症療法と異なり、エネルギー療法では周波数というバイブレーション（振動）が特殊な刺激情報として伝達されて心身に作用します。

東西それぞれのエネルギー療法の真髄をひとつに融合し、感情と経絡の一致に注目して独自に開発したエネルギーセラピー機器が「ＳＶ－１」なのです。

SV-1

私たちの体を縦横無尽に走るまるで光ファイバーのような経絡。ここに悲しみ・怒り・怖れなどのネガティブな感情が、光（バイオフォトン）のバイブレーションとして情報伝達されることで、発病すると私は考えています。これを喜び・楽しさ・幸せといったポジティブな情報に書き換えることができれば、世界から病気をなくすことができるのです。「SV－1」は、情報伝達システムの真実と治療法を教えてくれる心強いサポーターといえるでしょう。

「病は気から」「心と体はつながっている」といわれます。心、つまり人間の持つ感情のありようで、病は生まれるのです。

心と体がどのようにつながっているのかご説明しましょう。

長年、研究を重ねるうちに、心と体の明確なシステムが「経絡」にあることを発見しました。経絡にあるツボの周波数が、特定の「感情」の周波数と強い共鳴関係にあるとわかったのです。この感情とは、周波数に変換された「感情レメディコード」と呼んでいるもので、私は一つひとつのツボから感情レメディコードを導き出すことができたのです。

共鳴とはお互いに引き寄せあう力のことです。あるネガティブな感情を持つと、共鳴するツボがその情報をキャッチします。ネガティブな感情は細胞にダメージを与える周波数となって経絡を通り、臓器や部位に送られることになるのです。つまり経絡という情報伝達の光ファイバーは、感情によって作動しているといえるのです。

問題を引き起こしてしまう感情を調整するために、特定の情報を持つ感情コードを108個リストアップしてプログラム化しました。これが「感情レメディコード」で、この情報をツボに流すか、あるいは水に転写して飲用することで、元の状態に戻ろうとする力が働き心身共に回復していきます。これが感情と経絡の情報伝達システムに焦点を当てた「SV－1」によるセラピーの基本になっています。

ある朝、私はメッセージを受けとりました。不思議な話ですが、それは守護天使からのメッセージで、内容は「祈りのセラピー専用機の開発を急ぎなさい」というものでした。これから人々が祈らなければならない大変な出来事が起こるというのです。それもすぐそこまで近づいてきている。大変な事態に備えてほしいと伝えてきていました。

そこで私は「SV－1」**を誰でも天使とコンタクトできるようにバージョンアップ**させ、3か月という奇跡的な開発期間で完成さ

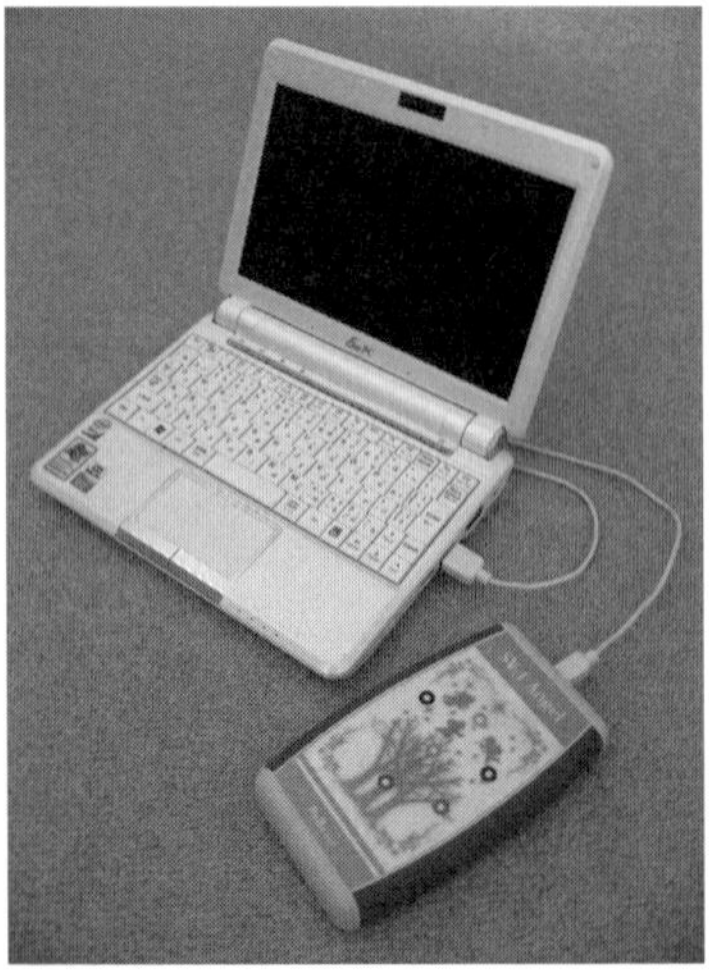

SV-1エンジェル

せました。その専用機を「ＳＶ－１エンジェル」と名付けて、２０１１年２月24日に販売しました。そしてその２週間後に、世界中の人が祈りを捧げることとなった東日本大震災が起こったのです。

その後、さらに研究を続け「ＳＶ－１エンジェル２」にバージョンアップしたのち、２０１６年７月に「祈りのセラピー」に特化したＵＳＢタイプの「ＳＶ－１エンジェル３」（以下「エンジェル３」）が誕生しました。それまでに比べて格段に使いやすくなった「エンジェル３」の完成によって、より多くの人の手に届けられるようになったのです。

「祈りのセラピー」は距離や時間に関係なく瞬時にセラピー効果を届けることができます。今後、大災害や大規模な感染症（パンデミックなど）が起こったと想像してみてください。災害後にすぐに駆けつけるこ

SV-1エンジェル3

とができない場合も、そばにいて看病することができない感染症の方がいる場合でも、あらゆる状況下において効果を発揮することができるセラピーなのです。

「エンジェル3」の詳細を解説したこの本で効果的な使い方を知っていただき、祈りのセラピーの素晴らしい効果を実際に体験してみてください。**不測の事態が発生したときに「祈りのセラピー」を行えば、甚大な被害から大勢の人を救うことができます。私の夢である「病人や悩み苦しむ人のいない社会」を創るために、これからひとりでも多くの人の手元に「エンジェル3」を届けていきます。**

祈りのセラピー創始者　紫波光太郎

祈りの科学の量子療法
ドクターが評価するAIプログラムが
あなたの人生を好転させる

━━ 目次

第2章　病気のメカニズムとPB原因療法の確立

第9章 資料集

第１章

霊性修行と覚醒

人生最大の災厄期間

第1章では、私が治療家への道を歩むことになった経緯をお話しします。私がエンジニアとして多忙な日々を送っていた時代のことです。

今から30年前、私の人生でこれほどまでにつらい出来事が続いた時期はありませんでした。

のちにインド占星術を学んだときに、この期間はサディ・サティと呼ばれる7年半だったと知るのですが、今思い返してもそのときの状況が鮮明によみがえり、苦しくて苦しくて仕方がなかった当時の感情が込み上げてきます。いまだに涙があふれてくるほど、私の人生のなかで最もつらく苦しい時期でした。

サディ・サティというのは、インド占星術において、出生図（生まれた時の星の配置図）の土星が30年に一度、月が在住する星座のひとつ手前の星座から次の星座までの3つの星座をトランジットする約7年半の期間を指します。

サンスクリット語でサディ・サティとは7年半という意味で、災厄の期間として大変な不幸をもたらすと言われています。多くの責任を負わされ、精神的な重圧から種々の問題や心配事を抱え、その結果として金銭的な損失や疾患にみまわれることが多いとされています。

父親を奇病で亡くし、看病に疲れた母は難病のリウマチを患い動けなくなりました。結婚したのち、待望の第一子はアトピー性皮膚炎と喘息で苦しみます。そして妻はどんどん痩せていき、進行性のガンを患いました。私を除くすべての家族が次々と重い病気に罹っていきました。

さらに新築した家では、すべての植物が見事に枯れてしまうような、原因不明の怪現象まで起こりました。次から次へと私の家族や家に異変が起こり、それが**7年半もの間続いたのです。**

その後、私はこの経験をきっかけに、運命についても徹底的に学ぶことになります。

新築した我が家での怪現象

1990年に私は結婚しました。結婚を機に、実家の近くにマイホームを新築しました。新築の家での新婚生活といえば、笑い声に包まれた幸せな家庭をイメージすると思いますが、現実はまったく違っていました。

ある朝、出勤しようと自宅の駐車場へ行ってみると、私の車のタイヤがパンクしていました。そのときは、誰かのいたずらか、前日の帰宅途中で釘でも踏んでしまったのかと思いました。ところが、それから毎週のようにタイヤはパンクを繰り返したのです。何度、修理しても、タイヤを交換してもパンクは続きました。

不思議な出来事はそれだけではありませんでした。私は植物が大好きで、家の中で観葉植物をいくつも育てていました。その観葉植物がことごとく枯れていったのです。「これは丈夫な植物だから、どんなことがあっても枯れることはない」と聞いていた植物まで、すべての植物が枯れてしまったのです。

今にして思えば、家屋の建材に使用される接着剤や塗料などに含まれるホルムアルデヒドなどが原因だったのかもしれません。当時は、まったくわかりませんでしたが、**シックハウス症候群**だったのでしょうか。いずれにしても気味が悪い現象でした。その怪現象は植物だけでなく、その後、家族の体調にも大きく影響してくるのでした。

家族が次々と重病を発症

ちょうどそのころと時を同じくして、父が肺気腫と診断されました。医師には「こうして生きているのが不思議なくらいだ。もう手の施しようがない」と言われるほどの重症でした。私の父は、家庭でこそとても厳しい人でしたが、人望も厚く、会社ではリーダー的存在で、政治家としても素晴らしい功績を残してきました。私にとって常に偉大な存在である父親がこの世から、ましてや私の前から姿を消すなどということは信じ難いことでした。しかし残念ながら発症して間もなく、尊敬してやまない私の父親はこの世を去ってしまったのです。

このころの私は会社から帰宅すると妻とケンカばかりしていました。仕事から帰って玄関に入ると、ひどく疲れているわけでもないのに、自分の意志とは裏腹に意味もなく苛立つようになりました。常に私は不機嫌で、些細なことで毎日のように妻と言い争ってはイライラしていました。

いつも笑顔だった妻から、だんだん笑顔は消えて、食欲をなくして次第に痩せていきました。それはもう激やせといわれるほどの痩せ具合でした。

偶然受けることになった健康診断で、妻にスキルス性の胃ガンが発見されました。ガンと聞くだけで恐怖と不安に煽《あお》られます。しかもスキルス性とは絶望的だと思いました。病院で詳しい検査を受け、主治医からの宣告は余命３ヶ月。まさに目の前が真っ暗になりました。私たち夫婦がどうしてこのような目に遭うのだろう……。知る由もありませんでした。

しかし妻はあきらめずにガンを切除する決断をしました。手術は無事に成功し、なんとか命をとりとめることができました。予後の経過もよく、予定よりも早く退院して自宅に戻ることもできました。今思えば奇跡的な生還でした。

その喜びも束の間、今度は待望の第一子が、アトピー性皮膚炎と喘息を発症します。毎晩かゆみがひどくて眠れずに、泣きながら体中をかきむしる娘をただただ見守るだけの日々。自分を無力だと責める日もありました。喘息の発作はいつ起こるかわかりません。発作が起きれば、夜中でも咳で苦しむ娘を抱きかかえて病院へ駆け込みました。

病院での治療は**その場しのぎの対症療法で、快方に向かうわけではなく、アトピー性皮膚炎のかゆみも、喘息の発作も頻繁に起こっていました。**繰り返すたびに症状はどんどん悪化していきました。この愛おしい娘の苦しみを、私が代わることができたのなら娘はどれだけ救われるだろうかと、幼いわが子を抱きしめながら、やり場のない苛立ちを覚えていました。

せつない思いのままの生活が続くなか、また家族に更なる異変が起こります。献身的に父を看病していた母が、看病疲れから、難病といわれる慢性関節リウマチを発症したのです。慢性関節リウマチは自己免疫疾患のひとつで、軟骨や骨が破壊されて、関節が変形してしまう病気です。全身の関節に炎症が起こり、腫れとともに激しい痛みがあります。リウマチの関節の痛みはじっとしていても耐え難い痛みで、日を追うごとに悪化し、母は病院での治療を受けました。いつも穏やかな母親が、ぐっと歯をくいしばり、リウマチの痛みに耐える姿を目の当たりにするのも、それはつらい毎日でした。

私の家族に次々と起こる度重なる不幸に、私は戸惑いだけでなく、恐怖さえ覚えるようになりました。

「神様、家族の病気を治してください。どうかお願いします」と何度手をあわせて祈ったことでしょう。次々と家族が病気になり、病院で治療を受けているのにもかかわらず、娘と母は治るどころか病状は悪くなる一方です。いったい私の家族に何が起きているのだろう、何が原因なのだろう、と私は日々頭を悩ませました。

「もう医学には頼れない、なんとかできないものか」。そんな思いで、千日回峰行《せんにちかいほうぎょう》を達成したお坊さんのいるお寺へと通い始めました。藁にもすがる思いで、家相に問題はないのか、家族に何らかの現象が起きているのではないか、などをお坊さんにみてもらいました。

そうして私は、**徐々に目に見えない存在である神様を頼るようになりました。**

お寺に通うようになると、私は自分を冷静に見つめることができるようになってきました。結婚したばかりなのに、帰宅するとなぜかイライラして、毎日妻とケンカばかりしていた自分をふと思い出すことがありました。私が妻にストレスを与えたことで妻が病気になったのは、自分に問題があったのではないかと改心しました。娘がアレルギーに苦しみ、母はリウマチの痛みで苦しみ、**私は会社を辞めてでも家族の看病をする、家族の病気はいつか必ず私が治してみせる、と覚悟をしたのもこのころでした。**

根本治療を目指し波動技術を修得

このころから、会社を辞めて治療家になりたいと考えるようになりました。家族の病気を通して、**病気には何かしらの根本的な原因があるのではないか——**、そう考えはじめていました。西洋医学には頼らない代替療法や、さまざまな病気に関する情報に興味を持ち、模索していくなかで私は波動に興味を持つようになっていったのです。

水の結晶の研究で著名な故・江本勝先生のもとで、波動インストラクターの技術を学びました。江本先生の提言する「この世に地上天国を創りたい」という考えに深く共感しました。これはのちに設立する「有限会社プレバランス」の理念のベースとなったものです。

江本先生のもとで学んだことは、根本療法について研究をはじめるきっかけにもなりました。西洋医学は対症療法です。それは表面的なアプローチにすぎません。なかなか完治することはなく、症状が出るたびにいつも不安がつきまといます。**常に安心していられる**

ためには、病気やストレスの根本的な原因を見つけて、それを断ち切ることです。

そのために私は波動測定の技術を修得して「ＳＥ－５」という波動機器を購入したのです。ある日、家族の病気を治すためにこの技術を学んでいることを知った知人が、インドでサイババに会うツアーを企画していると知らせてくれました。

このツアーに参加すると、私が叶えてほしい願い事を書いた手紙をサイババ(1)に届けることができるというのです。家族の病気が治るのであれば、どんなことでもしたいという思いでいた私は、「**サイババに手紙を届けることで願いが叶うのであれば、ぜひともこのツアーに行きたい**」という一心で、すぐに参加する決意をしました。

必要条件が整ったインドへの旅

しかし、ここでまたひとつの壁に突き当たります。

まずは家族に「会社を休んでインドへ行きたい」と相談しました。すると私が家を留守

(1) サティア・サイババ：故人。インドのスピリチュアルリーダー。インドの要人も聖者と認めた霊的指導者。

にするのを懸念した妻と母から「旅費にあてるお金などないから、行かないでほしい」と説得されたのです。私の収入で家族を養っていましたから、旅費を理由にすればあきらめてくれると思ったのかもしれません。しかし実際には、**私が目に見えないあやしい世界に傾倒していくことを懸念した二人が話し合い、計画的にインド行きを阻止しようとしていたのです。**当然、インドへ行くには、仕事を長期にわたって休まなければならないので、私も少し考えてしまいました。

それから数日が経ち、波動機器「ＳＥ－５」を購入した会社から仕事の依頼が舞い込みました。どこから聞きつけたのか私がエンジニアであるということを知り、「ＳＥ－５」とパソコンをつなぐケーブルを作ってほしいというのです。

私にとっては容易な案件でしたので、すぐに納品することができました。するとどうでしょう。なんと、**インドへの旅費と同じ額の金額が製作費として、その会社から振り込まれてきたのです。**インドへ行くために必要なお金は手に入りました。次なる問題は、インドに滞在するための長期休暇をとれるかどうかです。私は会社で重要なポジションを任されており、立場的にも長期に職場を離れることはとても難しい状況でした。恐る恐る上司に数週間の長期休暇を申請すると、日ごろの実績と貢献度が認められ、また多忙のために消化しきれていない有給休暇が何日もあったことから、**驚くことにすんなりと長期休暇の**

許可を得ることができました。

旅費も長期休暇もすんなり手に入り、私はインドに呼ばれているのではないだろうかと感じました。旅行に必要なものは揃ってしまったため、家族はインド行きを止めることはあきらめて私を送り出してくれました。

サイババとの出会いと幽体離脱

インドではサイババに出会うことができ、家族の病気を治してほしいという私の願いを書いた手紙を手渡すことができました。ただこれだけの行為なのですが、サイババに直接手紙を渡すことに、願いを届けるという意義があり、サイババからの祝福を受けることができるのだそうです。

インド滞在中、さまざまな不思議な現象を体験することになりました。

私はエンジニアでしたから、ずっと科学的なものしか信じないという信念のもとに生きてきました。それは現在でも変わっていません。しかし、サイババの手のひらから出てくるビブーティ（聖灰）や宝石などの物質を目の当たりにしたのです。非科学的ではあるけれども、これは疑いようもない事実なのだと信じざるを得ない光景を目撃したのでした。

アシュラムに向かうバスの中でも不思議なことが起こりました。

突然、これまでの人生でのさまざまな思いが込み上げてきました。私は幼少のころから、両親やまわりの人たちに迷惑をかけないように、学校ではリーダーシップをとり、子どもながらに**周囲に気を遣い、いい子でいる生き方をしてきました。**大人になってからは、家族を養うために一生懸命に働き、苦難にぶつかっても前を向いて、どんなことをしてでも家族の病気を治したいという一心で、無我夢中でここまでやってきました。長く自己犠牲ばかりして生きてきたけれども、振り返ってみると、いい父親であり、いい夫であり、いい息子でした。私は結構すごいではないか、よく頑張ってここまで生きてきたという熱い感情が突然わらわらと湧いてきました。そのときには、どこか私から離れたところから、私のことを客観的に見下ろして褒めてくれている、愛に満ちた優しい自分がいました。

すると、あふれんばかりの大粒の涙が一瞬のうちにして私の目に浮かび、次から次へとポロポロこぼれはじめ、普段泣くことなどない男なのに、嗚咽すらもコントロールできないほどに体を震わせて泣き出してしまいました。ふとバスの外を見ると、涙があふれるのと同時に、私の嗚咽をかき消すかのように激しいスコールが降り始めました。

あふれる感情に身を任せ、とめどない涙と嗚咽をそのままに、自分で自分を褒めている間に、**幽体離脱を経験しました。**肉体はインドにいながらにして、日本の自宅へ瞬間移動し、近未来の地球にも行きました。肉体から離れられるととても身軽で、自由自在に色々なところへ行けて面白い、と後になって実感したものです。通常は修行の末に幽体離脱を習得するらしいのですが、私は瞬間的に出来てしまったことにも驚きました。

そうしてアシュラムに到着したときには、あれほどひどかったスコールもすっかりやんでいました。また不思議なことなのですが、スコールがやむのと同時に、どうやってもコントロールできなかった涙もピタッととまりました。

その瞬間すべてが愛おしく思えてきたのです。目の前に飛んでいるハエや蚊のような虫までも、愛おしくて仕方なくなりました。**壮大な愛をもってすべてを受け入れることができるような、言葉ではうまく表現できませんが、どこかすっきりとした浄化の思いが湧き上がりました。**

サイババツアーに同行していた霊能者のひとりが、その一部始終を見ていたようで、私に近づいてくると、「あなたのハートチャクラ（第４チャクラ）が開きましたね」とひとこと言って去っていきました。第４チャクラは愛のチャクラともいわれます。人間には７つのチャクラがあり、チャクラが開くと超能力や霊能力が発現するといわれています。

このチャクラが開いた瞬間、**私は一回目の覚醒をし、さまざまな超能力が身についたの**

でした。

しかしまだこの時点では、エンジニアである私の心の奥底では、起きていることをなかなか信じることができませんでした。

超能力を確信した体験

その夜ホテルの部屋に戻ると、同室の人が落ち込んでどんよりとしていました。開業医と聞いていましたが、どうやら彼はうつ病だったようです。あまりにもひどい様子だったので、自分の超能力が役立てられないかと思い、その人に手を出してもらいました。すると**私の手のひらにビリビリと電気が走りました。**その瞬間から、彼は別人のように急に元気になりました。さっきまでのどんよりとした様子が一変したのです。逆に私はというと、**急に気分が落ち込み、原因不明の腹痛とひどい下痢になりました。**

それは、私の手を通じてその人から霊をとり去り、その霊が私の体の中に入ってきたからなのです。私はともかく、そのおかげで彼はとても元気に明るくなりました。超能力のひとつでもある「**浄霊する**」**という力を、私が身につけたことを確認できた瞬間でした。**

アガスティアの葉の予言

浄霊の力を身につけたとはいえ、それからの私はひどい腹痛と下痢の症状が続いていましたが、翌日は、アガスティアの葉を見に行く予定でした。アガスティアの葉には、聖者アガスティアが太古に残した、個人の運命に対する予言が書いてあるといわれています。

大きな待合室でひどい腹痛に苦しみながら、自分が呼ばれる順番を待っていました。脂汗をかきながら苦痛に耐える私のそばに、ツアーに同行していた、また別の霊能者が近づいてきました。「**シルディ・サイババに、あなたを治してあげなさい、と言われて私はあなたのところに来ました**」**と言ったのです。**シルディ・サイババは、ヒンドゥー教の最高神であるシヴァ神の化身といわれています。

彼は私のおなかに手を当てて空を見上げて「はい、いいですよ」と言うと、私のおなかに入った霊をとってくれました。するとあれほどひどかった腹痛も下痢も、その瞬間にぴたりと治ったのです。これもまた信じ難い事実でしたし、**一瞬でこのような治療ができることにも大変驚き興味を持ちました。**昨晩、同室の人に私が行ったことと同じなのですが、このときにはまだ自分に入ってしまった霊を自分で浄霊することはできなかったのです。ひどい腹痛の苦しみから解放されたこともあり、ただただ驚くばかりでした。

一瞬にして私の腹痛を治してくれた霊能者と、その霊能者を私の元へ遣わせてくれたシルディ・サイババに心から感謝しました。しかしそれと同時に、**なぜ私がこのような最高神の化身ともいわれる聖者、シルディ・サイババに助けてもらえたのかと不思議に思いました。**

そうこうしていると、いよいよ私の順番がまわってきました。私の運命を予言するアガスティアの葉には、さまざまなことが書いてありました。

ひとつは、私がサラリーマンを辞めて会社を設立することでした。そしてそこで小さな部品を作り、それを販売すると書いてありました。**小さな部品とはこの本で紹介する「SV－1エンジェル3」のことだと思っています。**そのほかにもいろいろなことが書いてありました。最も強烈だったのは、「マイソール州に聖者として生まれ変わる」と書いてあったことです。マイソール州とは、２０１１年に亡くなったサティア・サイババが、次のサイババとして生まれ変わる場所でもあります。アガスティアの葉に書かれた文字は今も目に焼きついたまま鮮明に記憶しています。

こうしてインドの不思議な旅は幕を閉じました。

霊からも人気の治療家

数週間にわたってインドを旅して帰国すると、母が腰痛で寝込んでいました。すぐさま母の腰に私が手を当てると、インドで経験したときと同じビリビリとした感覚を手のひらに感じました。すると母の腰の痛みは一瞬にしてなくなったといって母は大変喜びました。次の瞬間、今度は私の腰が痛みだしました。母に憑いていた霊は、私が母から取り除いたのちに私の体に入ってきたのです。

私はその霊をギュッと抱きしめ「光の源《みなもと》へお帰りください」と言葉をかけて私の体から送り出しました。この浄霊方法は、インドで霊障を受けて苦しんでいたときに助けてくれた霊能者から教えてもらったものでした。

人が亡くなったあとも、こうして霊だけがこの世にとどまってしまうのは、まだこの世に未練があるからです。霊も私たち肉体を持った人間と同じように「愛」を求めているのです。母親に憑いていた霊をとることで浄霊の方法をあらためて確認できました。

私は霊能者として、神様が授けてくれたパワーと使命を受け入れ、それからしばらくの間、霊障が原因で苦しんでいる知り合いの治療（浄霊）を無料で行っていました。近所で評判となり、その評判は口コミでどんどん広がって全国から霊障で苦しむ人たちが私を訪ねて来るようになりました。

私は霊能者として、浄霊をした人たちがどんどん元気になるのがうれしくもあり、自分に備わったこの能力も面白いと感じていました。依頼されると、どんどん霊をとっては自分の体に入れて、1日の終わりにまとめて浄霊をするという作業をしていました。夜、霊たちを私の愛でギュッと抱きしめて、「光の源へお帰りください」と言って帰してあげていました。

しかし毎日それを繰り返しているうちにとても疲れてきました。その疲れは蓄積してきて、だんだんぐったりとするようになりました。回数を重ねるごとに、短時間では浄霊ができなくなっていきました。しかしその後も霊は浄霊を求めて、私に寄ってきました。霊から逃げようと思っても、ドアを閉めようが、布団をかぶろうが、どこからでも霊は私の体の中に入ってきてしまいます。

これまでの人生で経験したことのない恐怖に襲われ、発狂寸前まで追い込まれていったのでした。

窮地を救ってくれたシヴァ神

おそらく通常の人であれば､霊の恐怖に耐えられずに病院に行き薬を処方してもらうか、またはアルコールなどに頼ることでしょう。知識や技術がなければ、恐怖を紛らわすためにはそうせざるを得ません。しかし、**私は霊の仕業であることがわかっていたので、霊に負けない力をつけるにはどうすればよいのか、情報を求めて膨大な書物を読み、知識人に相談して解決策を探しました。**

ある有名な霊能者の本には、「単純に霊に負けない力・体力・精神を作る。すべては気力次第」と書かれていました。それを読んだとき、一瞬、気が抜けましたが開き直るきっかけにもなりました。

開き直って少し落ち着きを取り戻した私は、そうだ、シヴァ神に助けを求めようとひらめいたのです。

シヴァ神の写真を握りしめ、「どうか私に憑依している霊をお祓いください」と祈りました。その瞬間、突然、指の先からホースで水を撒くように、何百、何千という霊が一気に出ていくのがわかりました。一瞬にして、体が軽くなるのを実感しました。

これを機に、私に霊が寄ってくることはなくなりました。この経験から、私はシヴァ神の偉大さと**神とつながることの安心感**を知ったのでした。
浄霊してあげた人は、しばらくするとまた霊を憑けて同じように治療にやってきます。このような治療を繰り返しても、本当にその人たちを救うことはできないと考えるようになりました。

根本的な治療にならないことで私自身も苦しむようになり、このような危険な治療はやめるべきだと思いはじめました。**浄霊をするのではなく、霊を引き寄せない心のありかたを伝え、その人の根本的な問題にアプローチしなくては解決には至らないのです。**

私たちが安心感を得るためにお金を貯えたりトラブルに備えて保険に入ったり、信頼できる人間関係を築くことは、物質的なものにすぎません。人生には、それらを失う恐怖が常につきまとっています。

しかし、神とつながることで生まれる真の安心感、その揺るぎない安心感は決して失うことはないと考えています。

これらのことが、**私が治療家として辿り着いた究極のセラピーともいえる「祈りのセラピー」へとつながっていきます。**

身曾岐《みそぎ》神社での祓いの行

家族の病気が治ってほしいという願いを届けるためにインドへ行ったのですが、帰国した時点では、まだ神様からの祝福を得ることはできていませんでした。インドからの帰国後も、アトピー性皮膚炎の治療方法を必死に探し続けていたときのことです。

あるとき、なぜか引き寄せられるかのように、さまざまなセラピーやヒーリングを自由に体験できる「フィリフェスティバル」に行くことになりました。そこからの帰り際に『毒素排泄健康法』（メタモル出版　元気健康ブックス／安田吉三、上馬場和夫共著）という本に目がとまりました。その本には植物によるオイルマッサージ、温熱ヒマシ油湿布療法など、アトピーの治療方法が書いてあったのです。**インドでサイババに「娘のアトピーが治ってほしい」という願いを書いた手紙を渡すことで、どのような祝福をいただけるのだろうと思っていたのですが、それはこの本との出会いだったのです。**

インドやアーユルヴェーダでのオイルマッサージを知り、オイルテラピストの資格を取るために、八ヶ岳の麓の小淵沢で開催される集中講座を受講。そのときすでに私は超能力を身につけていましたので、「氣」に対してとても敏感になっていました。八ヶ岳の麓から出ているエネルギーはものすごいパワーで、手のひらをひろげていることができないほどでした。

講座が終わると身曾岐《みそぎ》神社での修行の案内がありました。こんなに強力なエネルギーのところで修行できるとはすごいことだと思った私は、邪気を呼び寄せない方法を学ぶために、山梨県の身曽岐神社に「祓いの行」へ行きました。

この身曾岐神社は、御祭神・井上正鐵《いのうえまさかね》翁が伝えた古神道の奥義「みそぎ」の行法並びに徳を広く分けてくださる神社です。十種神宝御法《とくさかんだからのごほう》と呼ばれるこの行法は、遠い神世の昔から伝えられていて、私たちの命そのものをみそぎ、きれいな体きれいな心となって生まれ変わり、あらゆる束縛から解放された人間至高の境地にいたる、究極の開運法とされています。

十種神宝御法の基本である「息のみそぎ」を学ぶことによって、日常の喧騒のなかでは得られなかった深い安らぎと癒しを得て、また**昨今、失われつつある日本人としての心、親・先祖を尊ぶ心、「いのち」に感謝する心を取り戻すことを目的として行われているものです。**

この行では毎日毎日ご神言を力の限り唱え続けます。これは、息《い》ぶきという呼吸法によって丹田にたまった邪気を吐き出し浄化するための方法です。

もうひとつの行は「食」です。優れた医者でもあった御祭神・井上正鐵翁のお言葉に「**食によって体ができ、食べ方によって運命が定まる。食は生命を養う源にして、人間一生の**

吉凶がことごとく食より起こる。恐るべきは食なり、慎むべきは食なり」というものがあります。**この行では「自然との調和」を食事から学ぶことができました。そこには家族の病気（アレルギー）を治すヒントがあったのです。**

ここでの食事は、一日三食の毎食が「ごはん」「みそ汁」「たくあん」という献立であり、とてもシンプルな「正食」の原型でした。ごはんを食べ終わると、お茶碗にお湯を足して、そこに半切れだけ残しておいたたくあんでお茶碗を洗うようにしてお湯を飲み、最後にそのたくあんを食べて終わります。洗い物も、ゴミもありません。お百姓さんへの感謝、料理人への感謝、材料そのものへの感謝が芽生えます。**すべてのものに感謝することで「愛と調和」の心が生まれます。**

覚醒体験と霊性修行の終わり

身曾岐神社で私は二度目の覚醒をしました。

この行の最終日のことです。ご神言を唱えはじめると、インドで経験したような嗚咽をともなう涙がどんどんあふれてきました。またコントロールすることができません。恥ずかしさもよそに、その感情の赴くままにしていると、**自然への感謝、自然こそがすべてで**

あり、生かされているという命への感謝が、崇高なる愛との調和によって私のなかに湧き上がってきました。ご先祖様や両親を大切にする、自然を大切にする、私は生かされているのだというごく当たり前のことへの感謝の想いがどんどん湧き上がってきました。

インドでの霊性修行では、第4チャクラが開いたことによって、すべてのものへの「愛」を学び、身曾岐神社では「自然」への感謝を学ぶという素晴らしい経験をし、私は覚醒したのです。

身曾岐神社での修行を終えて、自宅に戻ってから数ヶ月が経ったころ、インドのサイババツアーを企画した会社から、インドから聖者が来日するという情報が入りました。私はその会社に連絡をし、その聖者に会いに行くことにしました。その聖者は、インドで私を救うように指示してくれたシルディ・サイババとゆかりの深い聖者だということでした。

その聖者に会うと、彼は私に「何か欲しいものはあるか？」と問いかけてきました。私は「人を癒せる強力なヒーリングパワーが欲しい」とお願いし、彼の手から私の手にそのパワーを注入してもらいました。

その夜、自宅で湯船に浸かると、私の手から何かが出ているのがわかりました。それはかつて霊を浄化したときの経験と同じように、指先からホースで水をまくような感覚でした。

その日から霊能力がパタッとなくなりました。私はもう霊を取り除くことができなくなったのかと思いました。しかしそれは、私の霊能力がなくなったのではなく、私自身の霊格が上がり、低級霊とは波長が合わなくなって、霊を引き寄せない体質に変化したということだったのです。

ここで、私の霊性修行は終わります。自分の波長と霊の波長が合うことで、自分の感情が霊を呼び寄せてしまうということにも気づきました。

それまでの私は、霊能力者として霊を取り除いて治療したのではなく、ただ単に霊を私に付け替えていただけのことでした。

本来の治療とは、霊格を上げる方法を伝えることです。その人の持つ恐怖や怒り、悲しみや憎しみなどといったネガティブな感情をなくしてあげることが、本来の治療だということがわかったのです。

届けられたメッセージとプレマママーク

話は少し戻り、１９９７年、インド旅行中に急病を患い「シヴァ神があなたを助けなさいと言っている」と現れた霊能者から手をかざされて、一瞬にして助けられたころのことです。

帰国後しばらくして、夜中に突然、どこからかはわかりませんが、不思議なメッセージが届きました。その気のエネルギーを感じながら描いたのが、7つの玉と色で宇宙を表す「プレママーク」でした。このマークを、後日、弊社プレバランスのシンボルにしました。私に当時起こっていたさまざまな出来事を考えると、シヴァ神からもたらされたものかもしれません。

当時は、このマークの意味がわからなかったのですが、のちに占星術やアーユルヴェーダなどを学んでいく過程で惑星やチャクラと関係していることを知りました。

その後、治療家となってからも、具合が悪いときにシヴァ神に助けられたことが何度もありました。このマークからは大変強いエネルギーが出ていて、敏感な方はビリビリというパワーを感じるといいます。

どんなに強いエネルギーを発しているのかが気になり、結晶写真を撮影してもらいました。プレママークの上に水を入れたコップを一晩置いておき、その水がどのような結晶を結ぶかでプレママークのエネルギーがわかるからです。

水の結晶写真は、インドのシヴァ神を讃える「**オーム・ナマハ・シヴァーヤ**」のマントラ（真言）を見せた水の結晶写真と大変似た結晶となりました。「**これほど高い結晶化率**

となることはめったにありません」と撮影者からお褒めいただきました。

　プレママークがシヴァ神のマントラとそっくりな結晶を結んだことは、二つが同じ周波数を持っているということになります。このマークを家に飾り、身につけるものなどあらゆるもの

■ プレママーク

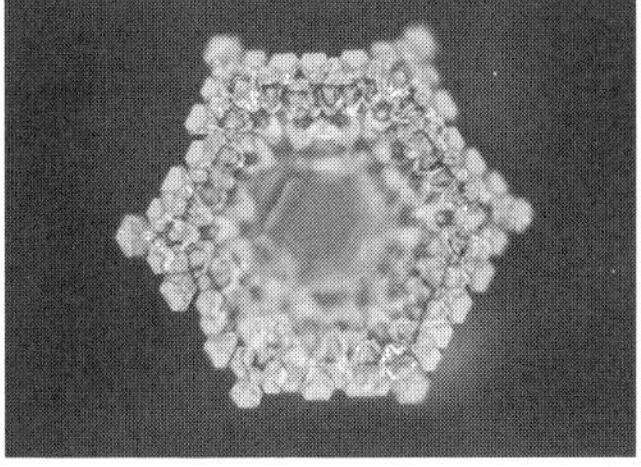

プレママークを見せた水の結晶写真

月刊「Hado」
2001年3月号
表紙

サンスクリット語を見せた水の結晶写真

に貼ることで、幸運をもたらすお守りとなるのです。

インドには、神様のエネルギー（周波数）を幾何学的に図形化した「ヤントラ」と、「神様とつながるためのご真言「マントラ」があります。この図形とご真言の音の周波数が共振して、神様とつながるという本来の役割を果たしてくれます。ヤントラもマントラも、その意味すらも知らないエンジニアが、最強の神様といわれるシヴァ神のマントラと同じ結晶のマークを作ることになったということに不思議な縁を感じています。

私がシヴァ神に助けられたように、プレママークのパワーが人を病気や災厄から守り、安心と幸運をもたらしてくれるでしょう。

エンジニアから治療家に転身

１９９７年、私はいよいよエンジニアとして活躍してきた会社を辞め、サラリーマン生活に終止符を打ち、治療家に転身しました。

この7年半の間、病気に苦しむ家族はもちろんつらかったでしょうが、その家族を目の当たりにして悩み苦しむ私自身も、とても苦しい日々を送っていました。これまでの人生において、決して忘れることのできない最悪の時期だったと思います。

サラリーマン時代から、私は自分自身の人生において、人生をかける仕事とは何なのかとずっと思い続けていました。まだこのころには、娘のアレルギー（アトピー性皮膚炎と喘息）と母のリウマチは完治していませんでした。会社を辞めた最大の理由は、私が理想とする治療法で家族の病気の治療に専念したいという強い想いでした。家族も私の熱意を理解してくれて、退職に反対しませんでした。

そして、インドでの不思議な経験をはじめ、霊性修行での学びをさらに深めていきたい、二度の覚醒で私が身につけた超能力をこの世の中のために活かしたい、と強く思ったからこそ治療家の道を歩む決心をしたのです。

私や私の家族のように苦しんでいる人を救うことこそ、私が人生をかける仕事だとようやく理解できたのです。

第２章

病気のメカニズムと PB原因療法の確立

環境アレルギー研究所を設立

第2章では、私が仕事を辞めて娘のアトピー治療をはじめとするさまざまな病気の原因と改善方法を研究していた時代のことをお話しします。今から約20年前のことです。

会社を退職した私は、現在の有限会社プレバランスの前身となる「環境アレルギー研究所」を1998年に設立しました。そして娘のアレルギーと母のリウマチを治すために、アレルギーの研究をはじめました。

研究を重ねていくうちに、**アレルギーはさまざまな要因が起因していると考えられ、ホリスティックな治療でのアプローチでないと、改善できないということがわかったのです。**

そこで食事療法、オイルテラピー、電磁波などの住環境、背骨の矯正、カルマの問題、ハーブ療法、波動療法も研究しました。まさに、プレバランス原因療法の基礎研究です。

我々日本人にとって食事は、和食、少食、粗食が体によいのです。栄養やカロリーを重視するよりも酵素玄米のような生命（エントロピー）（58ページ参照）を優先に考えることが重要です。

オイルテラピーは、生命の種のエキスを体に塗り込むことにより、人の体の細胞についてしまった毒素を排泄することができます。

住環境においては、電磁波が人体に及ぼす悪影響を研究し、のちに「ＧＰ－１」（地磁気変動測定器）を開発しました。

人は背骨の歪みによって、氣の流れが滞り体の部位に悪影響を及ぼします。この研究がのちに「ＳＶ－１」（エネルギーセラピー機器＝バイオフォトン療法機器）の開発と「経絡つなぎセラピー」へと発展します。

カルマを知るために「インド占星術」を学びながら、「プレバランス占星術」のソフトを開発し「医療占星術」の実用に向けて研究を進めました。かなり精度の高い、学問としてのプレバランス占星術が構築できたと自負しています。

アレルギーは腸壁に原因があることを突き止め、のちにサプリメント「ＬＧＳ」（腸管壁浸漏症候群＝リーキーガット）の開発につながりました。

娘には幼稚園の夏休み期間中に集中してアトピー治療を施しました。

夏休みに入る前日には、幼稚園の先生から「可哀想に」と言葉をかけられるほど、かきむしった傷で娘の顔はぐちゃぐちゃでした。私は娘の背骨に沿ってオイルマッサージを施すことによって背骨のずれを治し、かきむしった傷口にはひまし油を塗り、食事療法とハーブ（紅花、カモミールなど）療法も採り入れました。夏休みが終わって幼稚園に行くと、先生が驚くほどアトピーは良くなっていたのです。先生も「いい病院にいったのね。治っ

てよかったわね」と喜んでくれました。（笑）

インドでのさまざまな不思議な体験にしても、霊性修行にしても、家族がアレルギーだったことが私をホリスティック療法へと導いてくれたと思います。私が治療家になることは必然だったと確信しています。こうしてホリスティック療法を学んだおかげで、**すべての病気の原因とその改善方法が解明できるようになったのです。**

ギフトを受け取り会社を設立

私は、来る日も来る日も娘のアトピーを治す研究に没頭していました。収入はほとんどなくゼロに近い状態です。退職金も底をつき、見かねた近所の人が、お米や野菜を分けてくれたり服を買ってくれたりする生活でした。

あるとき娘が通う幼稚園から、私が低所得者に該当するので園費を免除するという通知が届きました。私は、自分のお金で娘を幼稚園に通わせてあげられない悔しさと情けない気持ちから、しっかりお金を稼がなければならないと思うようになりました。

それまで昼夜、研究に明け暮れた結果、私はありとあらゆる治療法や知識を習得しました。たとえば、インド占星術、科学風水、気功、チャネリング、レイキ、アーユルヴェーダ等々です。アレルギーの研究を進めていくと、母親のリウマチもアレルギーの一種とわかったため快方に向かわせることができたのです。研究の結果、病気に苦しむ家族を救うことができました。

魔の７年半の苦しみから解放されたとき、「世の中には私の家族のように、出口の見えないつらく苦しい日々を送っている人がたくさんいるはずだ」と思ったのです。そのような人々を救うための研究や商品を開発し、治療院を併設した、しっかりとした会社を作りたいと強く思うようになっていきました。

アレルギーの研究も終わり、**２０００年３月、「大天使プレマ」からのメッセージが届きました。**大天使プレマとは、以前からすでにコンタクトできていたのですが、そのときに届けられたメッセージは「プレバランスという名前の会社を作りなさい」というものでした。プレバランス（PRE BALANCE）とは、「愛」を示す「PREMA（サンスクリット語）」と「調和」を示す「BALANCE」で「愛と調和」を表しています。病気、人間関係、お金などすべてのことは「愛と調和」で解決するのです。

医食住の三つの柱をベースに原因療法の施術を行う治療院を作り、「プレバランスを世に広めよ。そして病人や悩み苦しむ人のいない社会を創るという、あなたのその強い想い、夢を現実にするために努めなさい」と。

また、「このプレバランスの社屋を建設する費用、そしてそこで働くスタッフ、必要なすべての情報を授けるので、そのメッセージに従って進みなさい」というものでした。

それから数日後、不思議なことに大天使プレマからのメッセージの通り、プレバランスを建設するための数千万円の費用を貸してくれる人や、プレバランスで働くスタッフが次から次へと現れました。それら天からのギフトを受け取り、わずか９か月後の２０００年12月にお店は完成し２００１年１月から営業を開始しました。メッセージを受け取ってから営業を開始するまで、わずか10ヶ月足らずでした。

その後も大天使プレマから届いたメッセージに従って、講座のカリキュラムや商品開発を行っています。こうして現在もプレバランスを広める仕事をさせていただいているのでした。

■ PREBARANCEロゴ

PREBALANCE

「プレバランス」＝「プレマ」＋「バランス」からできた造語です。「プレマ」は「愛」、「バランス」は「調和」を意味することは、先にもお伝えしましたが、Pのピンクは「愛」を象徴し、Bのグリーンは「調和」や「自然」を象徴しています。そして背景の黄色は、「喜び」を表します。黄色を見ると人は元気になります。黄色の波動と近い波動を持つ惑星は木星です。木星は闇を取り払い、知恵を与えてくれる惑星です。まさに「愛と調和」で解決するロゴとして掲げています（※ 商標登録されています）。

プレバランス原因療法

私は家族の病気を治そうと、20年以上、病気の根本治療のためにさまざまな分野を研究してきました。

病気とは何かをよく考えてみてください。

心身のバランスを崩しているときに、体が発するシグナルが「症状」です。

その症状とは、「今のあなたの体を元のバランスのとれた状態に戻しているからね」というメッセージでもあるのです。つまり病気とは、心身のどこかが偏っているアンバランスな状態であるともいえます。

プレバランスが目指しているセラピーは、「原因療法」です。

つまり、この体からのシグナルやメッセージを手がかりに、病気の根本原因を突き止める治療をしています。そこには必ず、不自然な状態や偏りが存在します。当然、その大元の原因を調和させて治療すれば、異常のシグナルは治まります。

しかし現代医療の多くは、このシグナル自体を止めることを治療としています。

たとえるなら警報ブザーです。警報ブザーが鳴りだしたとき、警報の原因を調べずにスイッチを切ったり、警報器のコンセントを抜いたり、ひどいときには警報器そのものを破壊してブザーを止めるようなことです。表面に出ている症状やシグナルを断ち切ることで、病気が治ったとしているわけです。

人間関係による精神的なストレスが病気の原因であれば、その精神的なストレスを改善するのは当然のことだと考えます。たとえば、そのストレスが原因で発症したうつ病を薬で治すなんてできるのでしょうか？

暴飲暴食で血糖値が高くなり糖尿病と診断されている人は、暴飲暴食を続けたまま薬で治すことができるでしょうか？ 暴飲暴食が原因で糖尿病になったなら正食や運動で改善すべきでしょう。

さらにこれらの薬の副作用で体調不良になっている人を、薬で治すことができるのでしょうか？

症状を薬で抑え、その副作用による症状をまた薬で抑えるのが現代医療です。薬で対応できない場合には、外科的な手術を提案されて、言われるままに臓器を傷つけることになります。臓器は酸素に触れることで酸化をおこし、経絡はメスが入ることによって断ち切られてしまいます。こうなると負の連鎖となり、とても複雑な状態になって、はじめの症状が何だったのかさえわからなくなってしまいます。

複雑になった状態で「このようなこじれた症状をエネルギーセラピー機器で治せます

か？」と尋ねられることもありますが、それは効果を期待できません。

まずは、苦しんでいるストレス源から離れて食生活を改め、徐々に薬（石油製剤）を減らして、そして手術で切られた経絡を「経絡つなぎ」で回復させ、傷ついたメンタルを「感情レメディ」や「情報転写水」で修復します。

また、原因が土地の磁場にあれば転地を勧め、スピン偏極セラピーを行います。運命やカルマ的な問題が原因であれば、プレバランス占星術で原因を伝え、「祈りのセラピー」や「マントラセラピー」のほか、宝石の処方を行います。

これがプレバランス原因療法[1]です。

偏りを調和に戻す力＝自然治癒力

病気やさまざまな問題の原因は「偏り」にあると考えています。この「偏り」を見つけ、それを調和の状態に戻せば問題は解決し、病気も治ります。

調和状態に戻す力とは、いわゆる自然治癒力のことで、誰でも持っているものです。

（1）プレバランス原因療法　http://www.prebalance.com/flow.html

私たちの体は60兆個の細胞によってできています。細胞は原子からできており、原子核のまわりには電子が回転（＝電子スピン）をしながら原子核と引き寄せあっています。**病気というものを量子論から説明すると、細胞の電子のスピン状態が偏りはじめることであると考えられます。**健康な細胞の電子スピンは、調和状態（磁気モーメントがゼロ状態）に保たれていますが、病気の細胞の電子スピンは偏極状態にあり、磁気モーメントが発生しています。スピン偏極については、後ほど詳しく説明します。磁気モーメントとは、磁石の強さ（磁力の大きさ）とその向きを表すベクトル量です。これがMRIで病巣として写るところです。

私は身体の異常な場所に手を近づけると、ビリビリと感じます。健康な場所に手を近づけても何も感じません。

私たちは、舌にある「味蕾《みらい》」と呼ばれるところで食べ物の味の違いを判別します。物質の周波数を味蕾で感知して、脳で味として分類しているわけです。私の手のひらは、この味蕾と同じように体から放射される「磁場（磁気モーメント）」の周波数の違いを、

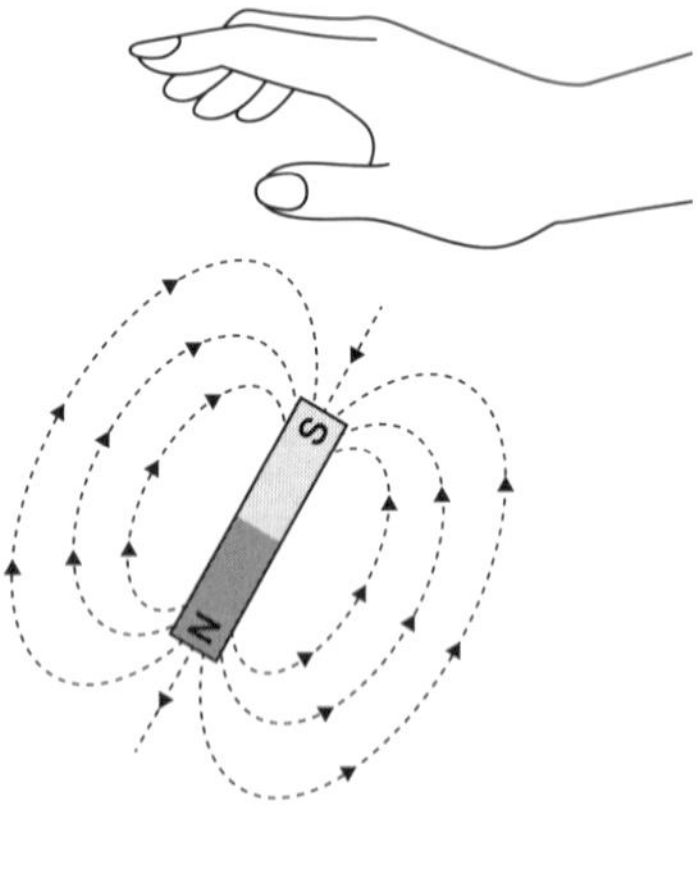

まるで味のように判別できるのです。

菌は菌の周波数として感じ、骨折は骨折の周波数として、炎症は炎症の周波数として、痛みは痛みの周波数として感じます。もちろんガンの周波数も味の違いのように、私の手のひらで感じ取ることができます。

あるとき、自分の手のひらを地面にむけると、同じようにビリビリと感じる場所がありました。その場所を地磁気測定器で計測すると、磁力が高いことがわかりました。

この発見から、細胞の異常個所（病巣）は磁気モーメントが高い場所であり、健康な場所では磁気モーメントが発生していないことがわかったのです。そして、病巣の種類やガンや炎症によって感じ取る磁気モーメントにも違いがあり、それは磁気の周波数の違いであると考えられるのです。

これらの事実は今のところ私の仮説にすぎませんが、感じ取っている磁力は超微弱であるために、いつかＳＱＵＩＤ（身体から発する超微弱な磁場を測定する装置）を使用している研究機関で証明したいと思っています。

病気とは細胞の電子スピンが偏極した状態

ＭＲＩの測定原理にもあるように、健康な人の電子のスピンは自由で調和状態に保たれていますが、そうでない人の電子のスピンは一方向に偏った状態（スピン偏極）となります。

スピン偏極について説明します。私たちの細胞内の水分子は、健康な状態では、水分子の持つ磁場（磁気モーメント）は調和状態（磁場を打ち消し合うゼロの状態）にあります【図1】。しかし不健康な状態では、不調和の磁場を発生させ【図2】、細胞内の水分子はスピン方向が偏った状態となります【図3】。これを「スピン偏極」といいます。体がスピン偏極を起こしていると、疲れやすく、免疫力も下がった状態になり、老化や病気の原因となります。

このスピン偏極こそがエントロピーの増大なのです。

■ MRIの測定原理

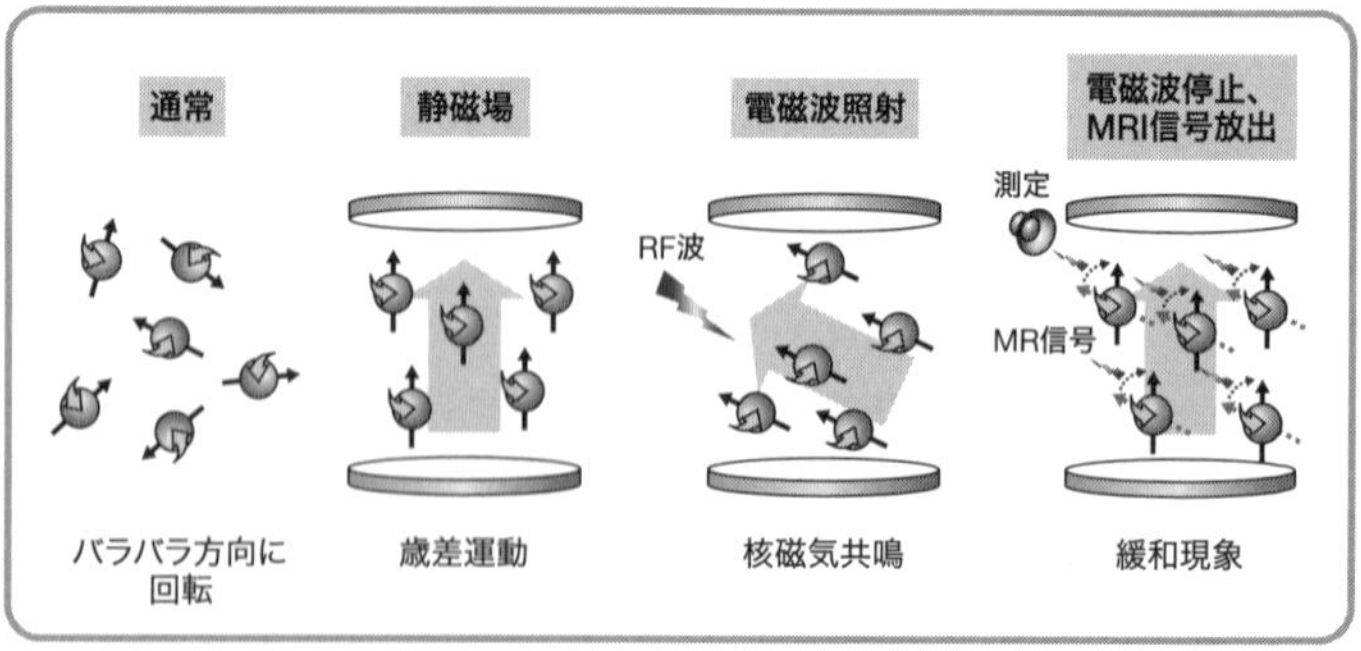

【図1】

調和状態

【図2】

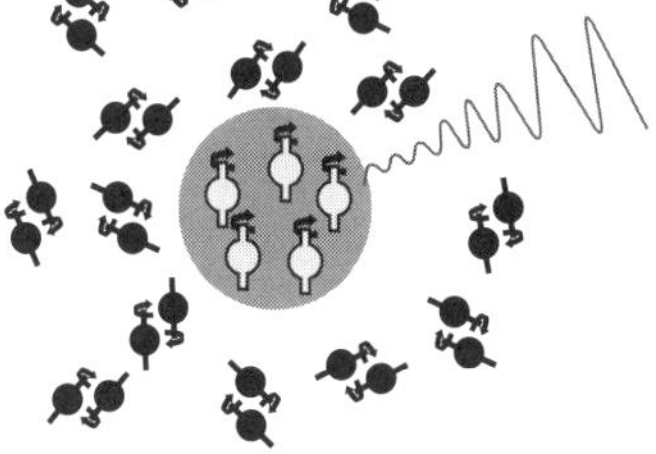

調和状態に戻りきれない水分子

【図3】

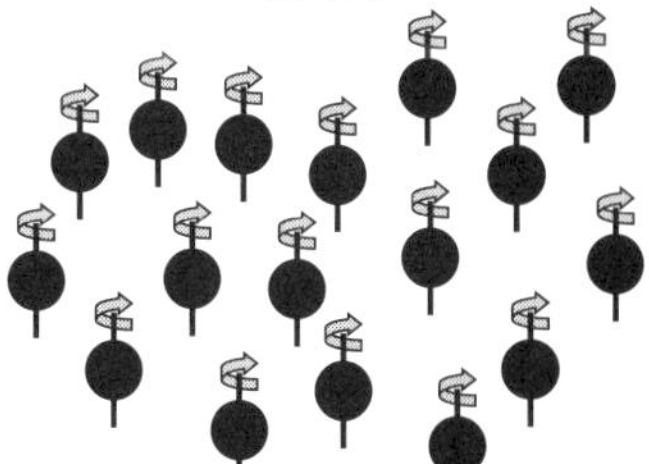

スピン偏極状態

病気の症状とエントロピーの増大

病気とは細胞の電子スピンの偏極状態であり、これは別の言い方をすれば、エントロピーが増大している場所といえます。**エントロピーが増大している状態にあるとき、私たちの体はエントロピーの増大を下げようと動きだします。**

それが病気でいう「症状」なのです。

人はその症状を感じることでしか、病気を知ることができません。

たとえば、風邪をひいた場合で説明します。私たちの血液のpHは健康時では7・35±0・05とされていますが、風邪をひいた状態では若干、酸性である7・3の方向にふれています。これは体が酸性化しているということです。**酸性化するということは、腐敗する、錆びると同じことであり、つまり老化や劣化に向かっているということです。そのような状態をエントロピーが増大しているといいます。**体が酸性化すると、健康時の7・35のpHに近づけようとしてさまざまな症状があらわれはじめます。下痢、嘔吐、咳、痰などによって体の中の毒素（酸性物質）を排泄し、pHを元の健康な状態に戻そうとします。つまり風邪は、エントロピーの増大を抑える行為にほかならないのです。

そのようなときに、薬を服用する対症療法が適切かどうかは、エントロピーという観点からすれば、考えるまでもありません。

ここからは少しエントロピーについて説明します。

物理学のエントロピーは「乱雑さ」とも訳され、物質やエネルギーの局在（偏り）の度合いを表します。たとえば、コーヒーの入ったカップにミルクをたらすと、最初はミルクの分子はコーヒーに混ざるこ

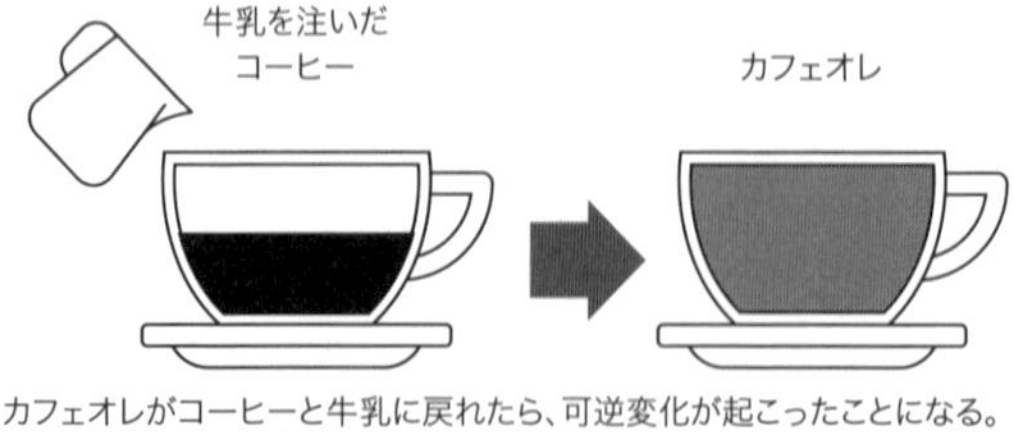

カフェオレがコーヒーと牛乳に戻れたら、可逆変化が起こったことになる。
でも実際には起こらない。

となく分離しています。これが「エントロピーの低い状態」です。しかし、時間の経過とともにミルクはカップ全体にいきわたり、やがて均一なカフェオレ状態になります。これが「エントロピーの高い状態」です。

自然界では、エントロピーは系全体としては減少することなく、時間とともに増加を続けます。これを物理学の「熱力学第2法則」と言います。

これを私が開発したエネルギーセラピー機器「ＳＶ－１」で計測できるのです。

この宇宙にはエントロピー増大の法則があり、時間の経過とともにエントロピーは増大していき、最後には崩壊してしまいます。エントロピーが最大になるともいえます。

これまでに私がたくさんの方をセラピーして気づいたことは、子どものころからの精神的ストレスが樹木の年輪のように細胞に情報として刻まれ、それがその部位を徐々にスピン偏極状態にし、エントロピーを増大させながら人生を送ってきているものだということがわかります。

ですからいつまでも若く元気であるためには、できる限りエントロピーを増やさないことです。

私が開発したエネルギーセラピー機器「ＳＶ－１」を使うとスピン偏極状態を元に戻すことが可能です。これは、まさにエントロピーの増大を阻止するセラピーを行っています。

常に子どものようにスピン偏極のない状態を保てれば、いつも元気で若々しくいられるという理論です。

病気やケガが治りやすい人とそうでない人の違いは、自然治癒力が高いかどうかだといわれますが、その仕組みを明確に説明できる人はどれだけいるでしょうか。

私たちには、病気になったときに元の健康な状態に戻そうとする機能が備わっています。その力を自然治癒力と呼びますが、人によって違うのはなぜか、仮説を立てて考えてみました。

簡単にいえば、**スピン偏極状態にある電子が調和状態に回復するまでの時間の違いが自然治癒力の違いであるという仮説です。**自然治癒力の高い人は電子のスピンの自転速度が速いのではないかと考えています。

病気とは細胞の電子スピンが偏極し、エントロピーが増大している状態であることは前述の通りです。

そこで私は、強い磁力を与えた水を飲ませた被験者のスピン偏極の回復状態をＳＶ－１を使って調べ、その仮説の裏付けをとることに成功しました。この実験結果を未来の医療に応用すれば、自然治癒力を高めることも可能になると考えています。また体に備わっている**自然治癒力を数値化することができれば、体に負担の大きな治療法を選択する際の判断にも利用できると考えています。**

大学と共同研究したバイオフォトン

私はエンジニアでしたので、科学的根拠のないものにはまったく興味がなく、共感もできませんでした。自分が納得できないことを人に伝えることはできません。科学者や医師に理解してもらうためには、裏付けとなるものが必要であり、その科学的根拠となるデータをとるために、来る日も来る日も研究と開発に明け暮れました。

バイオフォトン(2)（生物光量子）に関しても、これまで大学の研究室で詳しく研究してきました。

私はこれらの研究成果をひとりでも多くの人に知ってもらいたくて、全国で何十回と講演を行ってきました。大きな会場から少人数の講座まで、すべての情報を惜しみなく伝えてきたのです。

２００６年には日本医工学治療学会で「経絡のバイオフォトン（生物光量子）測定による病理解析と治療の可能性についての報告」というテーマで、研究結果を発表しています。

(2) ＳＶ－１バイオフォトン療法　http://prebalance.com/SV-1/html

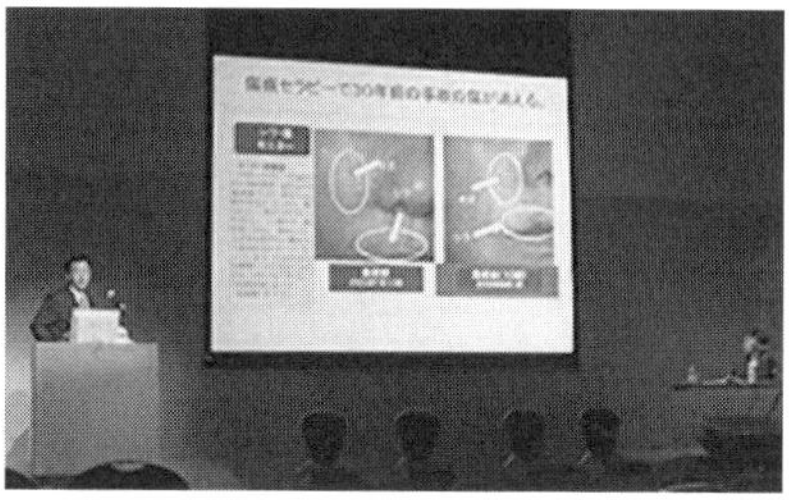

コラム

日本医工学治療学会第22回学術大会での研究発表

「医工学で創る新しい医療分化」をテーマに開かれた、日本医工学治療学会第22回学術大会のシンポジウム「補完・代替医療と医工学」で研究結果を発表しました。（開催日2006年4月21日～23日、会場 福岡国際会議場）

経絡のバイオフォトン（生物光量子）測定による病理解析と治療の可能性についての報告

●はじめに

2003年にオランダから導入したバイオフォトン機器は、経絡を流れるバイオフォトン（生物光量子）の情報からさまざまな病理の分析が可能とされ、また治療が行えるということであった。弊社ではこの機器を使い、これまで420名のクライアントからさまざまな病理の分析と治療の可能性の検証を行ってきた。その結果をいくつかの症例をもとに報告する。

●バイオフォトン機器

東洋医学でいう経絡は、筋膜の中を走る細い繊維の一部であるという考えがある。この経絡には、電気を運ぶと同時に光子（生物光量子）を運ぶ役割を果たしている。この機器は、手足の経絡（ツボ）のインピーダンスを測定し、その変化をグラフから読み取り、経絡上の異常を分析する。また、この機器にはバイオフォトン研究者のポップとマースマンの「健康な細胞は、一貫性の光を放射し、不健康な細胞は無秩序な光を放射し、無秩序な放射は電子フィルターで区別することができる」という治療法が応用され、無秩序な光の放射を逆転して体に導入し、それらが自らを中和するようにし、結果的に一貫性の健康な光の放射のみが残るという方法でエネルギー的な治療を可能としている。

●症例の報告

⑴　30年前の交通事故の傷跡に電磁パルスを流すことで傷跡が完全に復元した症例
⑵　卵アレルギーを卵の逆位相のエネルギーを体に導入することで改善した症例
⑶　睡眠障害を電子スピンの偏極により改善した症例

などをエネルギー療法的な観点から報告をする。

●電子スピン偏極

これまでのバイオフォトン機器での測定で地磁気や電磁波の影響により細胞の電子の自転方向が偏極してしまうことにより電磁波の方向も偏極し、これらが睡眠障害やアレルギーを引き起こす可能性があることがわかってきた。これらの理論は、今後、電磁波等の人体への影響を確認するためのひとつの判断基準となる可能性がある。

●まとめ

これまでエネルギー医学や振動医学というものは、科学的根拠が乏しいということで認知されることは難しかったが、現在それらを裏づけるための測定機器が開発されてきた。バイオフォトン機器による多くの症例と電子スピン偏極の科学的な根拠を解明することにより「エネルギー療法」というものの認識が広がり、今後の医療の発展に寄与するものと考えている。

科学とスピリチュアルの融合

このような科学的な探求の一方で、家族の病気を治したい一心で渡航したインドで体験したことや、帰国してからのさまざまな不思議な体験を通して、神様という存在とつながった事実は認めざるを得ませんでした。

そのころ、エドガー・ケイシー(3)のリーディングに出てくる特殊なオイル「樟脳油《しょうのうゆ》」を自分で作りたいと考えていました。このオイルには、ヒーリングで受けてしまう霊障から自らの身を守る働きがあったのです。ところが肝心な「樟脳油」を入手できずにいました。その当時は、現在のようにインターネットも普及していなかったので、どうやって探せばよいのか見当がつかなかったのです。

するとある日「本屋に行くように」というメッセージが大天使プレマから届いたのです。メッセージに従って本屋に行くと、広い店内を導かれるようにして歩いた先で、最初に手に取った本は『田舎暮らし』という本でした。サッと開いてみると、なんと開いたそ

（3）1877年にアメリカに生まれ。ホリスティック医療の基礎を作りホリスティックの父と呼ばれる

のページに樟脳油の情報が載っていたのです。そのページを開けたのは奇跡的な確率でした。

この出来事は、それまでの「見えない存在とコンタクトできているかもしれない」という漠然とした思いから、「間違いなくコンタクトできている」という確信に変わった瞬間でした。

あれから20年経った今でも天使や大天使プレマとのコンタクトは続いています。これまでに彼らから届いたメッセージは膨大な量です。

天使は、エンジニアであったデータ主義の私の意識を変えるために、これでもかと毎日のようにメッセージを送り続けてきたのです。それらのメッセージは常に私を成長へと導くもので、一度でも裏切られたり、間違いだったと思ったりすることはありませんでした。

天使のメッセージを受けて、２００７年にエネルギーセラピー機器ＳＶ－１を作りました。２００９年にはこのＳＶ－１を改良して、人間の周波数帯域で天使とチャンネルを合わせられるようにバージョンアップさせました。２０１２年のアセンション（次元上昇）に向けて、誰もが天使とコンタクトできるようにするためです。

私は、「特別な能力があるから天使と交信できるのでしょう?」とよくいわれます。し

かし、それではこの機器を作った意味がありません。私たちは脳波をシータ波にすることができれば、誰でも天使と交信できるのですが、普通はそう簡単にはいきません。そこで、この機器を使っているうちに自然に脳波がシータ波に移行できるようにしたのです。

その仕組みとは、天使と交信するための通信文を作るときと、天使から送られてくる５桁の交信コードを解読するときの脳波をシータ波にさせるというものです。

自分や家族の名前を入力して、天使と交信できる機器を使い続けると、私たちが本来持っている霊的な能力が開花するようです。自分や家族にも直感的な能力が芽生えてくるのです。

そうはいっても、天使と交信できる機器がほぼ完成した段階では、誰も信じてくれないだろうと思いました。すると天使からまたメッセージが届いたのです。

「明日の朝、６時に海岸においでよ」。

彼らは、仲間をたくさん呼んでおくと言うのです。それらを写真に写してみんなに見せれば、天使の存在を分かってくれるだろうと……。次の日の早朝、車を20分程走らせたところにある海岸に着きました。この日は快晴で、朝日がとてもきれいでした。「あぁ、きれいだ。本当に天使が来そうだなぁ……」。そう呟いたとき、おびただしい数の天使が上空にいるのに気づきました。この光景を写真で撮れたら、天使のことを信じてもらえるに違いありません。そして下の写真がそのときに撮影したものです。

約束通り、天使は素敵なプレゼントをしてくれたのです。天使はアセンションに関して、次のようなメッセージをくれました。「**起こる出来事すべてをポジティブに考えられたら、それこそが意識の次元上昇でありアセンションなのです**」。


アセンションとは、特定の人に何かが起こるのではなく、〝私たちの意識が100％ポジティブになる〟ことのようです。天使によってもたらされた、私が開発してきた機器は、私たちの意識改革を手伝ってくれるものです。

誰もが天使とコンタクトできて、心か

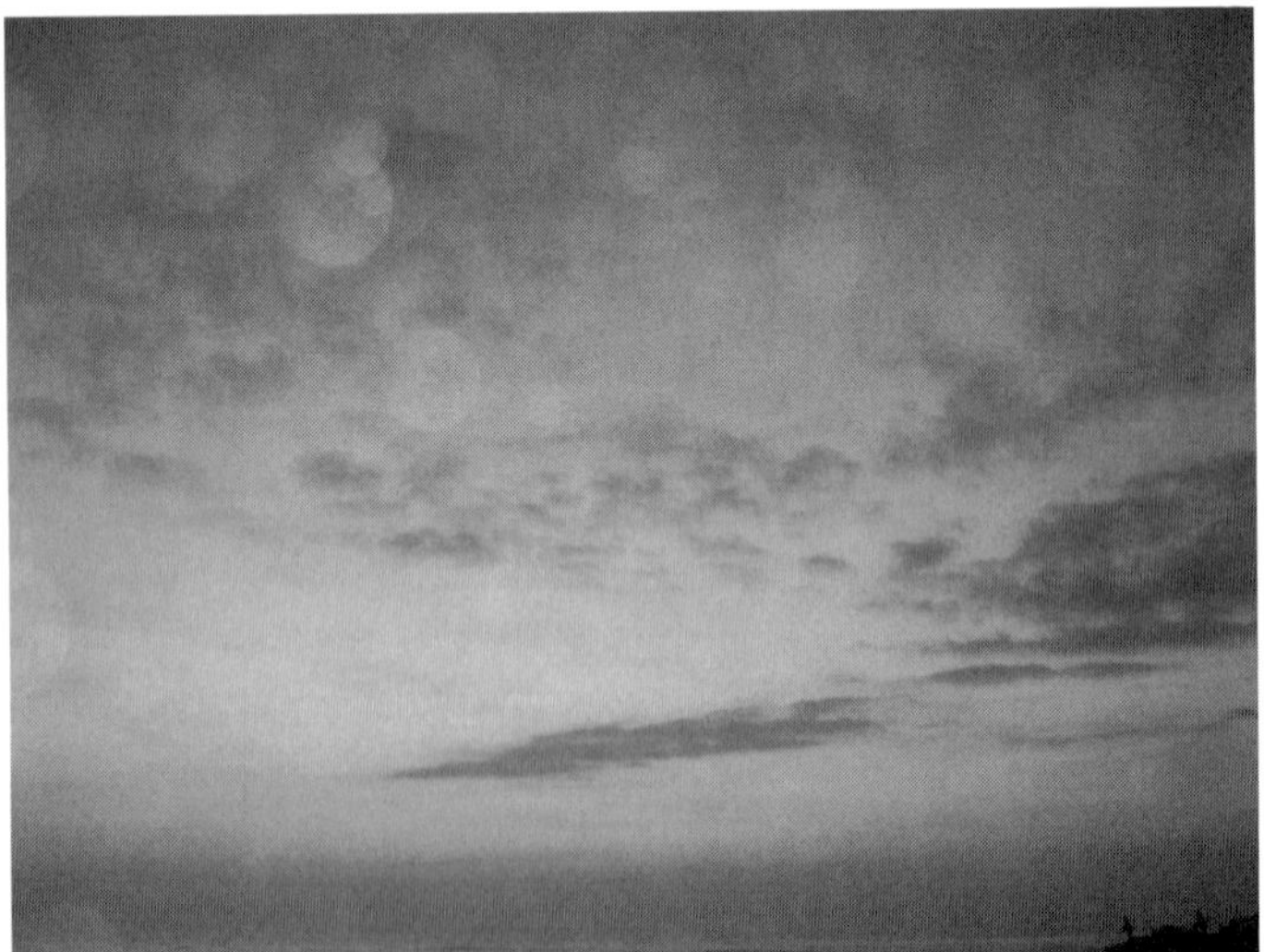

らの願いが実現できるようになれば、人の意識は変わってくるでしょう。それは、私たちが自らのなかに神を発見するときでもあります。紛れもなく、その時代が到来した――私にはそのように思えるのです。

根本治療こそ最高の医療

この世界はエネルギーの集合体です。

私はこれまで精神的な病気の方、肉体的な病気の方、霊障を受けやすい体質で苦しむ方など、さまざまなケースの治療を行ってきました。

肉体的な病気の方には、体にアプローチした治療が必要です。整体やカイロプラクティックなどで背骨を調整したり、必要に応じてオイルマッサージを施したりします。しかしそのような治療だけでは改善できない精神的な病気などもあります。そうすると、肉体だけを診ている医学では治せない、ということがわかりました。分子レベル、量子や意識、電磁波、運命や天体からのエネルギーを受けたとき、細胞が、人間がどう変化するのかを観察し研究を重ねてきました。

私たちが生きていく唯一の方法は、周囲の環境からマイナスエントロピーを耐えず取り入れることです。エントロピーは時間とともに増大していきます。混ざり合う時間が遅いとエントロピーが低いとします。

生命は、現存する秩序の維持能力と新たな秩序の生産能力を持ち、エントロピー増大の法則にあらがって秩序の構築を行います。良質な食事をし、消化吸収を良くして排泄（代謝）を行うこと。秩序を保つための破壊と再構築の動的平衡（バランス状態）にある流れをスムーズにすること。つまり、食事や水や空気を取り入れ、細胞の分裂と廃棄の循環を繰り返すことなのです。

食事をする、水を飲む、呼吸をすることは、エントロピーが増大することに逆らう行為です。しかし、エントロピーが高い食事、水、空気はエントロピーを増大させてしまいます。エントロピーが低い食事、水、きれいな空気を摂取することが健康を維持し、美しく若さを保つことになるのです。

こうして20年に及ぶ研究の結果、「プレバランス原因療法」が確立しました。

科学的なことを研究し、スピリチュアルなことも経験し、それぞれの役割を理解し、治療に関して優位性があるものを柔軟に採り入れることで、最もその人に相応しい治療法を提案できると考えています。

感染症や救急医療では西洋医学での対症療法が必要ですし、慢性疾患やアレルギー、ストレスが原因の精神的な症状には、ハーブ療法や経絡の治療、カルマからみる運命的な処方など原因療法が必要です。偏りのないバランスのとれた治療法が、本来の根本治療であり、最高の医療なのではないでしょうか。

プレバランスとは

プレバランスとは「愛と調和」「自然と調和」「宇宙と調和」という考え方をベースに、天からの「この3つの調和をすることで、すべての悩みや苦しみは解決する」とのメッセージにより名付けられた社名です。

プレバランスには病気の原因を改善する方法も含まれています。弊社で取り扱うものは、ハーブや水、そして目には見えないエネルギーや波動など多岐にわたります。それらはすべて、「病人や悩み苦しむ人のいない社会を創る」という私の壮大な夢を実現するために、必要不可欠なものとして用意してきたものです。

私はプレバランスを常に意識し、そのメッセージに従い、偏ることなく、そして私の夢を実現するために、この会社を通じて社会に貢献したいと強く願っています。

■ プレバランスメソッド

① 偏らないこと
□ 考え方や性格の偏り
□ 人間関係の偏り
□ 背骨の偏り
□ 食事の偏り
□ 栄養の偏り
□ 仕事や遊びの偏り

② 過ぎないこと
□ 食べ過ぎ・飲み過ぎ
□ 寝過ぎ
□ 遊び過ぎ
□ 仕事のし過ぎ
□ 厳しすぎる
□ 甘やかしすぎる
□ 怒りすぎる

③ 不自然なことはやめること
□ 不自然な食べ物
□ 不自然な住居
□ 化学物質の摂取
□ 体内に金属を入れる
□ 電磁波などの影響

④ リズムを持って生きること
□ 生活のリズム（食事や寝る時間、起きる時間）
□ 行動のリズム
□ 仕事のリズムは崩れていないか

※今日のストレスをネガティブなものにしないために、このチェックリストで一日を振り返ってみてください。

もしあなたが、病気や悩みに苦しんでいるとしたら、このチェックリストに原因が隠されています。

すべては、「愛と調和」で解決できます。

第３章

祈りのセラピーのシステム

病人や悩み苦しむ人をなくすために

私は約20年、この世から病人や悩み苦しむ人をなくすための治療を追い求めてきました。そして辿り着いたのが「祈りのセラピー」でした。

祈ることにより病気や痛みが回復し、また悩みやストレスから解放されていくという祈りのセラピー。

あなたが、人のため世のためにどんどん祈りのセラピーを行うことで、人々が幸せになり、祈るあなた自身もどんどんハッピーになっていきます。

武器を売りたいために戦争を仕掛けるような国は、幸せな社会を創れるはずがありません。大企業のための政治は、格差をつくり私利私欲の社会をつくることしかできません。本当に幸せな社会を創りたいと思うなら、利他の精神で、みんながみんなのために祈ることです。そうすれば、世界の各地で起こっているようなテロや戦争、悲惨な事件などはなくなっていきます。

困っている誰かのために声をかけあい、祈りのセラピーをして助け合うことができたなら、病人のいない世界、悩み苦しむ人のいない世界が創りだされて、憎しみ争う人々もいなくなるでしょう。

愛と調和の想いで助けあいながら生きていける、「病人や悩み苦しむ人のいない社会」をこの世に創ることができると確信したのです。

このセラピーを行うことのできる「祈りのセラピスト」が増えれば、世の中は幸せになっていくと思いませんか。

これが私の開発したエンジェル３の大きな目的です。

この想いを実現するために「誰でもが簡単に祈りのセラピーができる装置」を開発しようと長年、研究を重ねてきました。

開発後も10年間の実証試験を行い、超能力や医学的な知識のない人でも、この装置を使えば奇跡的なセラピーができるという結果を得たことから、２０１６年にＵＳＢタイプの「エンジェル３」を商品化して世に出しました。

病気や悩みの根本的な原因を改善し、なくしてしまえば、この世から病人や悩み苦しむ人はいなくなるだろうと考えています。

近年、祈り・ご祈祷の治癒効果は、科学的にも証明されてきました。

私が約20年ずっと研究し続けてきた集大成のデバイスであり、システムでもある「エンジェル３」を使い、祈りのセラピーを行うことで、祈りの力を飛躍的に高め、遠隔地の

このエンジェル３をパソコンに装着して祈りのセラピーを行います。

方にもその効果を発揮することが期待できます。

祈りのセラピーの仕組み

人生は、ロールプレイングゲーム（RPG）と似ています。

ゲームの主人公は自分であり、ゲームに登場するキャラクターは、自分の人生に関わる人たちです。

ゲームではたくさんのステージがあり、一つひとつクリアしてゴールを目指すのですが、失敗すると、今のままのステージや、最初から再挑戦することになります。

私たちの実際の人生においても、さまざまな試練があり、それらを一つひとつ克服することで最終的にはアセンションへと進むわけです。途中であきらめた場合は、次に生まれ変わったときに前世であきらめたステージから再度やりなおす、というのが人の輪廻転生の仕組みです。

運命の分かれ道は、自分で選ぶことができます。

しかし、自分で選んだ道の運命を変えることはできません。

人生には多くの試練が待ち受けていますが、誰しもそれに対応できる術も備え持ってい

■ 祈りのセラピーの流れ

1. 祈りのセラピーの依頼を受ける
2. 最も効果的と考える通信文を作成する
3. エンジェル３で通信文を数字に変換する
4. エンジェル３を介して数字が量子エネルギーに変換・発信される（守護天使との交信にはこの数字の量子エネルギーが使われる）
5. 祈り手の守護天使が量子エネルギーをキャッチする
6. 守護天使から大天使プレマへ発信する
7. 大天使プレマがキャッチし神様へ発信する
8. キャッチした神様が回答を大天使プレマに発信する
9. 大天使プレマが回答を受信し交信コードを発信する（量子エネルギーに変換した数字と交信コードでやりとりをしている）
10. エンジェル３が交信コードを受信する
11. 交信コードを単数に計算し、奇数の場合は再度セラピーボタンをクリックする
12. 交信コードよりメッセージを解読、理解し、判断し行動する
13. 祈り手の守護天使がその判断をサポートする

「祈りのセラピー」の原理とは「量子もつれ」でもあります。

るのです。エンジェル3で祈りのセラピーを行うことにより、試練を乗り越える術が得られます。どの道に進むべきか迷ったとき、守護天使が、あなたの運命を「〇」の方向、つまり正しい方向へと導いてくれるのです。

乗り越えられない試練はないはずです。不幸だと感じる人は乗り越える技術や知識、方法を知らないだけなのです。感覚では理解していても、実際にその情報を得ていない人は試練を被るだけにすぎません。誰もが幸せを引き寄せるようになってほしいという私の想いが、エンジェル3には込められ

■ 祈りのセラピーの仕組み

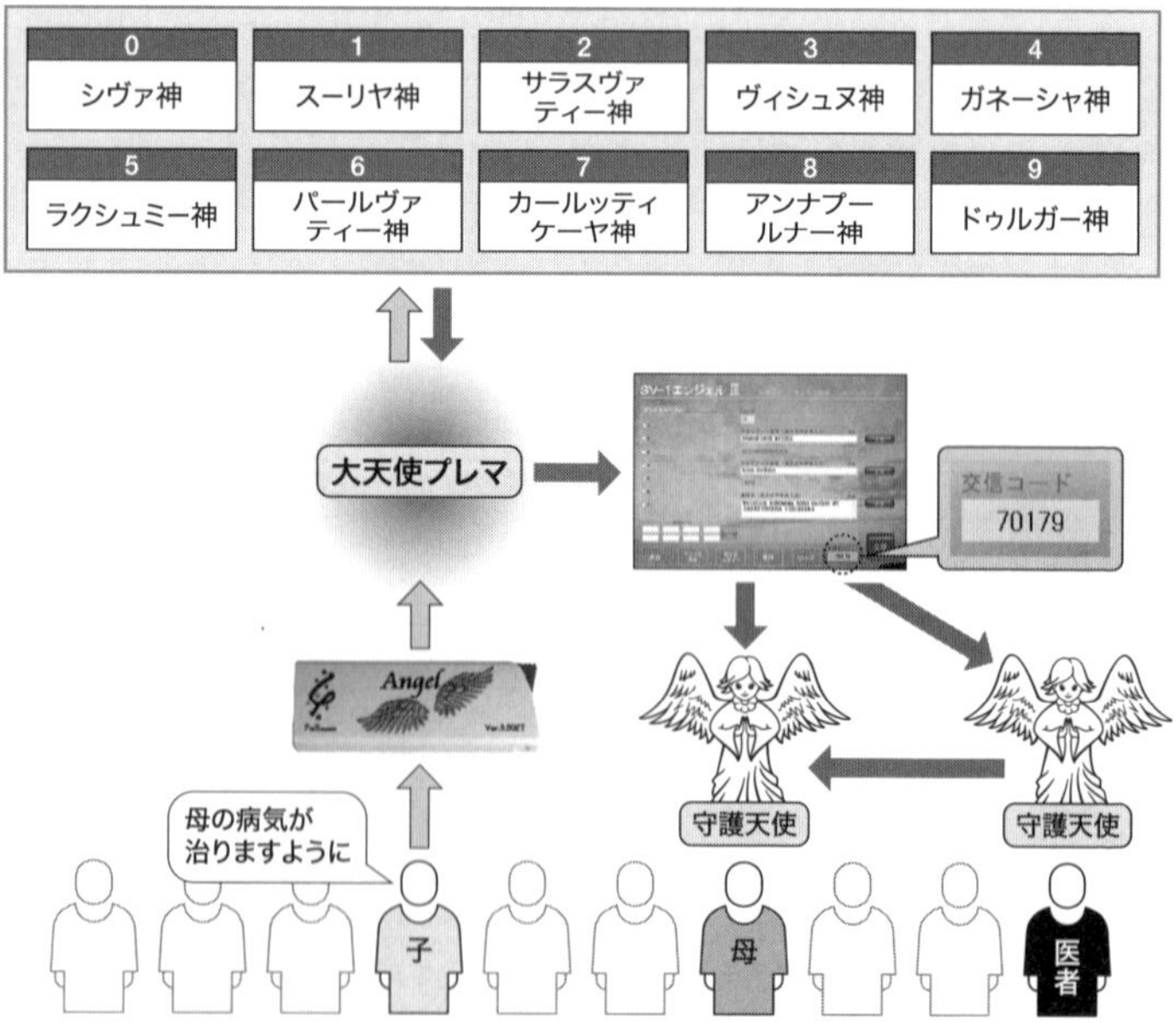

ています。

祈りのセラピーの原理――量子もつれ

物質を分解していくと分子になり、原子になり、最終的には素粒子になります。

ふたつの素粒子をぶつけると、常にお互いに影響を及ぼしあう特別な状態になります。

この状態で一方の素粒子になんらかの刺激を与えると同時にもう一方の素粒子にもその影響が及びます。この現象を「量子もつれ」といいます。

量子もつれでは、素粒子Ａと対関係にある素粒子Ｂの、どちらか一方の素粒子を観測してその素粒子のスピン（回転方向）を確定させると、もう一方の素粒子のスピン（回転方向）が確定するとされています。

しかもこのもつれあった状態は、ふたつの素粒子が地球と火星ほど離れていてもまったく変わらず、瞬間的に影響を及ぼしあうことが科学的にも証明されていますが、その仕組みは未解明なのです。

量子もつれを起こしている二人のシンクロニシティは数知れず、本人が感じた情報を瞬時に相手も同じ情報を感じるといった現象が、日々かなりの確率で起きています。その二人の関係性は、母親と子どもにあるような魂レベルでのペアがあり、ツインソウルやソウルメイトなどともいわれています。

虫の知らせがあるように、あの人の具合が悪いと私も調子が悪い、あの人が風邪をひくと私も風邪をひくといった現象が現れます。悲しみの波動は悲しみとして、イライラはイライラとして伝染してしまうのです。逆をいえば、嬉しい波動や、ポジティブな出来事もまた瞬時に伝染する現象です。そうであるのならば、一方がポジティブな波動を発すればもう片方もポジティブになるというわけです。

「祈りのセラピー」は、AさんとBさんが量子もつれにあるときに、Aさんが発するBさんへの想いや願いを、守護天使（＝エンジェル）がBさんに届けるセラピーです。二人は量子もつれの関係にありますから、自分のことを祈るよりも、もう片方の人を祈ることで効果を期待でき、自分さえも幸せになっていくのです。

あなたにとってのペアは一組だけではありません。知らない誰かの願いを依頼されても、依頼した人（Aさん）があなたと量子もつれを起こしていれば、知らない誰かにあなたがセラピーをしても祈りが届くのは、あなたと量子もつれを起こしているAさんを介しているからなのです。

「祈りのセラピー」で一番大切なことは「無条件の愛」です。祈りの効果も引き寄せの法則によるものです。

そのセラピーに「愛」がなければ愛は引き寄せられません。憎しみで愛を引き寄せられるはずがないのです。

天使は「愛」そのものですから、愛がなければ守護天使も動いてくれません。守護天使が動いてくれなければ、祈りは成就されません。

ウイルスも霊も単なる情報

●ウイルスの感染症から生還

ウイルスは生物ではなく「情報」です。情報に対して効果があるのは、やはり情報です。ウイルスの感染症で、余命数時間と診断された方を祈りのセラピーを使って生還させたケースや、鳥インフルエンザが拡大する農家で、祈りのセラピーでその拡大を防いだケースなど、たくさんの症例、事例があります。

それが祈りのセラピーによる効果であることを証明する方法は、前述にあります「スピン偏極」や「エントロピー増大の法則」で可能だと考えています。

●霊の構成要素はネガティブ情報

祈りのセラピーが、ウイルスと同じように高い効果を期待できるものとして「霊障」があります。現代医学は、霊そのものを否定するかもしれませんが、私の長年の研究と霊能者として霊障に多数、関わってきた経験から、その存在を疑う余地はありません。ここでいう霊とは邪霊のことです。

霊障の場合、特に「精神疾患」や「循環器系」に影響を及ぼすと考えています。霊とウイルスは対極にあるエネルギーなのですが、もちろん霊も生物ではありません。やはり「情報」なのです。

霊を構成する情報は、恨み、憎しみ、悲しみ、怒り、恐怖といったネガティブな感情です。エンジェル3シリーズ（エンジェル3－ET、ETZ、巻末参照）には、「感情レメディ」という情報のレメディ（量子レメディといいます）がありますので、霊障に対しては、これらのレメディを一緒に使うと効果的です。

祈りのセラピーが精神疾患の方に対してとても効果が高いのは、精神疾患の原因のひとつが霊障だからです。ただ残念なことに、霊障の方が病院で薬の処方を受けて服用してしまうと、薬の作用が意識エネルギーをブロックしてしまうので、祈りのセラピーの効果が弱まってしまいます。

コラム　［体験談］ウイルスと邪霊と祈りのセラピー

　脊髄小脳変性症を患う兄が発熱と全身の発赤のため入院しました。レイノー症状により足にたくさんの潰瘍があって傷口から細菌が感染した可能性があり、検査を受けました。兄は6年前に人食いバクテリアに感染し、命は取り留めたものの、半日で感染した組織が壊死してしまうため、壊死した組織の切除の手術や、多臓器不全、敗血症など、回復に2年かかりました。

　入院したときの状態は、感染した当時の初期症状に似ていたので、相当な恐怖を感じていたと思います。特殊な感染症にも対処可能な設備の良い大学病院に入院したのですが、検査をしても原因菌が特定できず、発熱と発赤が治まりません。私も兄の回復を祈るような心持ちで、祈りのセラピーをしました。兄はある宗教の信者で、ほかの宗教やスピリチュアルなものを毛嫌いしていて、ひどく反発しました。

　ところが3日ほどすると、病院では相変わらず原因が特定できないままなのに発熱と発赤が治まり、翌週に退院できることになりました。はじめは反発していた兄もさすがに驚いて「セラピーを続けてほしい」と言ってきたのです。祈りのセラピーと並行して、下肢浮腫、下肢潰瘍、視床下部、脳下垂体後葉、血栓、細菌感染、泌尿生殖器、敗血症の拡張レメディの遠隔送信と、感染症に効くというケートゥのマントラもずっと流していました。退院後、2週間ほど自宅療養をして仕事にも復帰できました。残尿による膀胱の炎症があると聞いていたので、泌尿生殖器のレメディを入れたのですが、全身症状は尿路感染症が原因であったのか、退院後の検査で尿路の炎症がきれいに治っていたようです。

兄は回復した途端に祈りのセラピーを信じなくなってしまいましたが、私自身は兄が回復できたことで、天使と開発者である紫波先生への感謝で胸がいっぱいになりました。

たくさんの方に奇跡が起こりますように！

※これは個人的な感想です

祈りのセラピーは、距離も時間も関係なく行うことができるので、ウイルスに感染していて近づけない人や入院している人に対してもセラピーが可能です。しかも、パソコンを使って自動で行えるので、つきっきりでセラピーすることは必要ありません。

祈りのセラピーをする側も、世界中どこにいてもできます。簡単なパソコン操作さえで

きれば、身体的なハンディキャップなどで動けない人や、外出できない人でもセラピーを行うことが可能です。この夢のようなセラピー装置が「エンジェル3」なのです。

精神を安定させる効果が高い

子どもさんが精神的に不安定になってしまったという親御さん（＝Aさん）からのご依頼で、祈りのセラピーを2か月間続けました。

その間、精神状態がとても安定していたということで、Aさんはとても喜んでいました。祈りのセラピーを行っていることは、子どもさんには伝えていません。最初は祈りのセラピーに半信半疑だったAさんでしたが、このことからこのセラピーが、気のせいやプラシーボ[4]効果ではないことを理解してもらえました。

Aさんから、「祈りのセラピーを中断しても精神状態が安定しているかを確認したいから、2週間中断してみたい」と言われました。しかし祈りのセラピーを中止すると、また

（4）有効成分が含まれていない薬を投与された場合でも、薬効があると信じているときに、心理的な暗示で効果が現れること。

不安定な精神状態に戻ってしまう結果になり、再度1ヶ月間延長して行うことにしました。もちろん、子どもさんには祈りのセラピーをしていることは伝えていないので、セラピーをしていることも中断したことも本人は知りません。

Aさんは今回の結果から、祈りのセラピーの効果に納得したようでした。セラピーを信じようが信じまいが関係ありません。距離も時間も関係ありません。どこにいようが今いる場所からセラピーをできてしまいます。

さて、この子どもさんにいつまで祈りのセラピーが必要なのか？という疑問を持たれる方がいらっしゃると思います。それは、薬と同じと考えてください。「もう薬を飲まなくても大丈夫」と医師から診断される時期があるのと同じように、「もう祈りのセラピーを中止しても大丈夫」という時期があります。

それは、その方の状態により異なりますが、私はプレバランス占星術[5]でその回復の時期を参考にしています。

病気を意識している人が病人

「病は気から」といいますが、病気が治ったときというのは「その病気を意識しなくなっ

たとき」です。いつまでも病気のことばかり考えている人は病気から抜け出せません。

体にいつもと違う症状が出ると、不安になり病院に行って診断を受けます。医師から病名をつけてもらうと、そのときから本格的な病気となり、意識は病人になります。

最近は特に精神的な病気が増えています。血液検査や画像には表れないために、診断しようのない病名がつけられ、患者はすっかり病気となり病人となっていきます。私の子どもの頃には聞いたことのない病名がどんどん出てきています。

子どもの頃の私はとてもワンパクで、落ち着きのない子でした。

おそらく今の時代であれば、周りの大人たちから心配され、病院に連れていかれて、ＡＤＨＤ（注意欠陥・多動障害）という病名をつけられて薬を処方されていたかもしれません。

表面に出ている症状を診断して対症療法をするのが現代の医療です。

腫瘍ができたとき、たとえそれが良性だったとしても「がん」と診断されると、本人の意識は「がん患者」になります。腫瘍を切除し、腫瘍が見えなくなると、患者はがんがなくなった、治ったと勘違いするのですが、それは健康になったわけではなく、ただ表面上見えなくなっただけにすぎません。

（5）プレバランス占星術　http://prebalance.com/astorlogy/

そこで私がずっとこだわり続けてきたことは、がんができてしまった背景です。食事が悪かったのか、住環境が悪かったのか、人間関係による大きなストレスを受けているのか、運命が作用しているのかという根本的な原因に向きあってきました。

うつは何らかのストレスにより、脳に電気や光（バイオフォトン）が届かなくなる症状です。家の電圧が下がって電気や光（光ファイバー）が届かなくなり、停電が起きたり、パソコンやネットワークが使えなくなることと同じです。

体にも家にも電気や光がしっかり届けば、正常な生活が送れるようになります。うつや精神疾患は、「家」に問題があることが多いというのもわかります。住環境を整え、脳の血流を改善するために、首を治し体を鍛えれば正常な思考となり、自然とポジティブになれます。体調がすぐれないといってベッドでゴロゴロしていては、改善されるどころかどんどんネガティブな感情が湧いてきてしまいます。

また、悩みがあって眠れないと「睡眠障害」と診断され、食欲がなければ「摂食障害」と診断されるのが現代医療です。

原因は悩みそのもので、その悩みから眠れなくなり、食欲がなくなり落ち込むのです。落ち込みが少し長引くと「うつ病」と診断されます。そして薬が処方されます。薬を服用することで神経がブロックされ、意識は病人へと導かれます。病気を意識するようになったときが「病気」ですから、病名をつけてもらい薬まで処方されれば「私は病気なんだ」と意識するのはあたりまえでしょう。

なぜ、こんなにも日本人は病気にかかる人が増えたのでしょうか？　他の国と比べ、とても不健康な国民と言われています。

そこにはもうひとつの理由があります。社会全体が病気を意識させるようなマスメディアからの情報の流出です。テレビ番組やＣＭ、雑誌など、日々メディアから流されている情報を冷静にみてください。どれだけ病気を意識させられる情報が多いかがわかります。それらの情報が少なくなるだけでも健康を取り戻す人がいることでしょう。

病気を意識しなければ健康になれます。「病は気から」なのです。病気の多くは気持ちの持ち方次第、心のあり方次第で治るのです。

そして、病気を意識してしまった「病人」の多くは「祈りの力」で回復するのです。原因となる膿を出さなければ、病気も悩みも改善しません。いつまでも対症療法をするばかりでは良くなりません。

体の症状も心の症状（感情）も未解決なものが浮上しなければ、決して浄化することはできません。自己治癒力を信じて心身の未解決な問題と勇気をもって向き合い浄化させることで、真の健康を取り戻すことができます。

たとえば子どものときの心の傷を癒すには、両親との和解が必要だったりします。幼少期の心の奥の傷が人生をつらくしていることがほとんどであるともいえます。そこに向きあわずに、大人になってからの表面に出ている症状だけにとらわれ、対症療法をしていては根本的な解決には至りません。

トラウマや恐怖や悲しみ、不安を取り除き幸せを引き寄せる、これも「エンジェル3」の成せる技術です。

距離・場所・時間を超越したセラピー

医療機関で実習中の、あるユーザーの娘さんのセラピー体験談です。

朝から娘さんは起きられないほどの体調不良を訴えていました。

実習を休むと単位取得に影響があることと、娘さんは新しい環境に慣れるまでにとても時間がかかること、自分を責めて落ち込む性格、実習の厳しさから精神的なストレスを抱えていることが原因だとエンジェル3のユーザーである親御さん（＝Bさん）は考えました。今後の彼女の人生のためにも乗り越えることを学んでほしい、休ませたくないという想いで、娘さんには伝えずにBさんは祈りのセラピーをしました。

「交信コード」（１４０ページ参照）も良い数字だったので、心配な気持ちを落ち着かせて部屋を出ると、娘さんは突然ムクッと起きだして、パソコンに向かい実習へ行く準備をはじめていました。

Ｂさんは自分が祈りのセラピーをしたにもかかわらず、一瞬にして何が起こったのかわからず驚いて、思わず「どうしたの？」と声をかけました。すると娘さんは、「なんだかわからないけれど急に動けるようになったの」と言いました。そしてまるで何事もなかったかのように元気に実習先へ向かったそうです。

極論かもしれませんが、最終的に病気を治すのは薬や手術ではなく、愛の力だと私は考えています。祈りのセラピーにとって、自らが治りたいという意思はもちろん重要です。しかし、祈りのセラピーを行う人は受け取る対象に無条件の愛情があり、無条件の愛情ゆえに成立するセラピーともいえます。

祈りのセラピーは、「第三世代の医療」（次ページ下図参照）というものであり、誰にでもできて、距離、時間など関係なく、ちょっとした操作と強い無条件の愛情があればできます。（※頼まれていないセラピーは家族以外にはしてはいけません＝祈ってはいけない例参照）

量子力学の世界では、量子テレポーテーションという「量子もつれを起こしている量子間の情報が瞬時に光速を超えて送られる」という不思議な現象が認められています。どんなに遠い場所にいても、たとえ月にいたとしても、時間に関係なく、光の速さを超越して、瞬時に情報を届けることができます。近年の科学でもそのような事実が認められてきており、実用化に向けた研究が進められています。エンジェル3はすでにそれを実現しているセラピーといえるでしょう。

■ ドッシーによる第三世代の医療モデル

第一世代の医学	・生化学的医療 ・手術や投薬などの物質的レベルでの医療で現代西洋医学の治療法や代替医療でのハーブや運動療法など
第二世代の医学	・心身医療 ・心のレベルの医療でイメージ療法やプラシーボ効果、自立訓練法など
第三世代の医学	・非局在医療（スピリチュアル・ヒーリング） ・祈り・遠隔ヒーリングなどで ①非媒介的（エネルギーは存在しない） ②非軽減的（距離は関係ない） ③即時的（即効性がある）

第４章

祈りのセラピーの効果的な使用法

祈りを届けるために必要なこと１【積徳】

量子もつれが成立している関係において同じように祈りのセラピーを行っているのに、Aさんはよく結果が出るけれどもBさんはなかなか結果が出ないといったことが起こります。

それは祈る側の「徳」にも関係してきます。前世でどのような生き方をしたか、今回の人生でどれくらいの徳があるかによって結果に差がでます。これは、プレバランス占星術の運命の設計図ともいわれるホロスコープ（１０７ページ参照）からも確認することができます。

徳のある人が祈りのセラピーを行うと、病気で苦しむ人の症状を良くしたり、困っている人の悩みを解決して運命を好転させたり、良い結果を出すことができます。徳は、あなたがお店で買い物をしたときに貯めるポイントと同じです。ポイントを貯めると次の買い物に使うことができるという原理です。祈りのセラピーをしていてもなかなか結果が出ないという場合は、まず、祈りのセラピーを行う人が徳を貯める必要があります。

この徳が少ないと願望の実現が難しくなります。車にたとえると、ガソリンが入っていなければ車は動きません。そのガソリンにあたるものが徳なのです。

まずは徳を貯めるためにも、自分のためではなく、まわりの人や社会のために祈ってみましょう。

●徳の貯め方＝積徳

徳をどのようにして貯めればいいのでしょうか。
次の４つを行うことにより、どんどん徳が貯まっていきます。

・奉仕
・慈善事業
・寺院への供物や寄付
・神を讃えるマントラを唱える

祈りのセラピーの結果として何かが現象として現れてくる、願望が叶うということは、実は「徳」を使っているということになります。願望を叶える行為は、積んだ徳を使って願望を現象化することにほかなりません。この徳を積むためのポイントがいくつかあります。

●積徳の対象を選ぶ

自分が信用する人に尽くし、社会的成功に貢献する。

困っている人を支援する。

●前世から継続する

徳は、一生積み続けても来世に持ち越すことができます。前世から引き継ぐことができ、消えてしまうことはありません。人は前世で積み上げた徳を持って生まれ変わります。そのような人はいい人生を歩んでいます。その一方で、大変な人生を歩んでいる運命の人は、前世であまり徳を積んでいなかったともいえます。

●来世に持ち越せるもの

次の4つは前世から次の人生に持ち越せるものです。

・徳
・意志の強さ
・知恵
・精神性

このように考えると、あなたが現在生きているこの時代が、のちには前世となるわけですから、現在これらの行いを続けることは来世への積徳になります。同時に、意志を強くすることであり、知恵をつけるということにもつながります。
もうひとつ肝心なことは、その徳を無駄遣いしてはいけないということです。

●徳を消費してしまうもの

せっかく貯めても、次のような行為は徳を減らしてしまいます。
・性欲（過剰な性欲は抑える）
・怒り（怒りをコントロールする）
・どん欲（欲張りすぎない）
・無知（知識がないために情報を判断できない→不運になる）
・エゴ
・嫉妬

●見返りを求めない

まずは見返りを期待せずに、ひたすら人々や社会の幸福を祈って徳を積む行いをしましょう。それを「陰徳」といいます。

困っている人に対して祈り支援することは、大いなる積徳といえます。しかしそれには見返りを求める心がないことと、無条件の愛が必要になります。一見して徳を積んでいるように見えても、実は徳を使っていることもあり得ます。

たとえば子どもに恵まれるようにと思って孤児を養う行いは、積徳の部分もありますが、子宝に恵まれたいという願望成就に徳が流れてしまうことは否めません。実は心のなかでは見返りを求めているということになります。

何度もいいますが、まずは他人のために祈ってください。それが徳を積むことにつながり、願いを叶えるための祈りが神様に届きやすくなり、必ず何倍にもなって返ってきます。

祈りのセラピーは、セラピーをした方にも、セラピーをされた方にも良い結果を及ぼします。もしかしたら、あなた自身の知らないところで、あなたのことを一生懸命に祈っていてくれている人がいるかもしれません。それは、あなたの両親、兄弟、友だち、もしくはあなたのことを知らない誰かかもしれません。誰かの祈りであなたは支えられているのです。

見返りを求めず、無条件の愛で祈る行為が徳を積むことにつながっていくことをご理解いただけたでしょうか。祈りのセラピーは「無条件の愛と調和」で高い効果を発揮します。

祈りを届けるために必要なこと２【コヒーレント】

エンジェル３は、10人分（10個）の祈りのセラピーが最長１０８日間できるシステムです。なぜ10人分できるかというと、ひとりで祈るよりも10人で祈った方が結果が出るからでもあります。

願い事をする場合に大切な「**コヒーレント**」という考え方があります。

たとえば光の複数の波の振幅・位相には一定の関係があり、干渉縞《かんしょうじま》（光の干渉により生じる明暗の縞）を作ることができる場合、それらの波は相互にコヒーレントであると形容します。

想い・祈りとは、光（バイオフォトン）の波なのです。

その光の波の振幅や位相が統一したものが集まれば集まるほど、そのエネルギーが現実になっていきます。想いが強くても、継続しないものは現実にならないのです。**想いを現実にするには、強い想いを「集中させて継続する」必要があります。**

想いや波動がバラバラな状態を「**インコヒーレント**」といい、それに対して揃った状態をコヒーレントといいます。

三次元の世界はコヒーレントの世界ともいえます。糸は一本では糸でしかありませんが、一本の糸を何本も寄せ合うことでロープになります。糸を織り合わせることで布になります。つまり想いというものが現実になるためには、ひとつよりも2つ、2つよりも3つ、5つと重ねていくと、それは現実になるのです。

祈りのパワー＝引き寄せの法則と同じで、想いは必ず現実になります。継続的に想い続けることでいつかは現実になっていくのです。

今後、私の想いを受け取ってくれた人たちが祈りのセラピーを行い、その人たちから祈りのセラピーがどんどん広がっていけば、悩み苦しむ人のいない社会を創っていけると考えています。

世界の国々でもさまざまな祈りの実験が行われていて、祈りの効果性が科学的に実証されている事実があります。

ある病院で、入院患者に祈りをしたグループとそうでないグループに分けて実験を行いました。結果は祈りをしたグループは明らかに病状が改善されたのです。これは脳科学の分野でも

■ コヒーレント

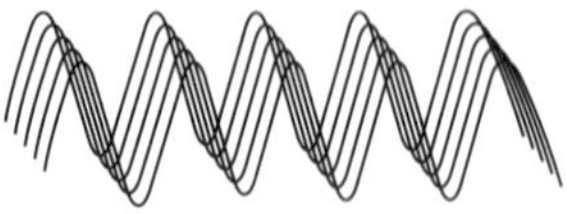

波動が揃った状態

■ インコヒーレント

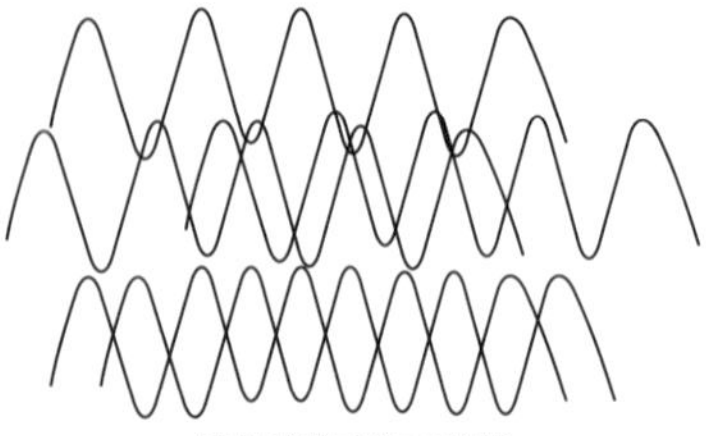

波動がバラバラの状態

別の分野でも、研究結果として挙がってきています。そこには大勢のコヒーレントが存在します。このように、多くの人の想いを束ねて祈りの効果を上げるために、エンジェル３ひとつで10人分の祈りのセラピーをできるようにしました。

祈りを届けるために必要なこと３【覚醒シータ波】

修行した高僧がご祈祷すると病気が回復し、悩みが改善されるのはなぜか考えたことはありますか？

修行をしたことのない私たちが同じようにできるようになるにはどうすればいいのか、その原理さえ解明できれば、誰でも同じような効果を出すご祈祷ができるようになるのではないかと研究を重ねてきました。

その結果、**脳波をシータ波にすることで覚醒し、守護天使とつながることで願いを叶えるための祈りを届けることができる、ご祈祷ができるようになることがわかりました。**

その仕組みを私はソフトウェアとして開発したのです。

普段の人間の脳波はベータ波というもので、リラックスするとアルファ波になることはご存知かと思います。脳波にはもうひとつシータ波といわれるものがあります。

シータ波には瞑想やヨガなど集中したときに発生する覚醒シータ波と呼ばれるものがあり、人間の直感的ひらめきなどを促進する効果があるといわれています。そろばんをはじきながら、集中して暗算をするときにもあらわれる脳波です。

エンジェル3で何度も祈りのセラピーをすることで、高僧のような脳の状態になります。誰でも脳波を覚醒シータ波（以下シータ波）にすることができて、守護天使とつながり祈りを届けることができるようになるのです。

テレビがアナログ放送から地上デジタル放送に変わったのと同じように、守護天使との周波数を合わせ、チューニングしてつながることが、祈りの効果を高める方法なのです。

●シータ波になるとできること

脳波がシータ波になると、次のようなことが可能になります。

・幽体離脱
・自動書記
・祈祷
・透視（地震を予知、これから起こることがわかる）
・浄霊

・気功（レイキ）
・天候や気象を変える

脳波がシータ波になると超能力が開花し、「異次元の存在」と交信が可能になります。覚醒すると守護天使とつながり、願いを叶えることができます。

●シータ波にするトレーニング

祈りのセラピーで祈りの文章を通信文として入力しますが、そのときに１０８文字以内に収めるように考えながら文章を作ります。そこに集中することで脳波は荒い波からどんどん穏やかな波へと誘導されていきます。穏やかな脳波に誘導されたあとに、セラピーボタンを押して出てきた数字（交信コード）を暗算で計算することを繰り返すことで脳波はシータ波になります。

穏やかな心で一生懸命に祈りや願いを入力することを何度も繰り返すことで、エンジェル３をうまく使いこなし、祈りのセラピーの効果を高められるようになっていきます。「この祈りによってポイントアップできるのでは」などと考えていると、ポイント（徳）は貯まりません。ポイントを貯めていきながら、祈りのセラピーを何度も行うことで、脳波はシータ波と導かれていきます。すると徐々に、祈りの通信文を入力する最中に、すでに交信コードの答えがわかってきたりします。つまり、入力している最中にふさわしい祈りかどうかが瞬時にわかるようになり、ふさわしい祈りの場合は、その時点で祈りが届いたりするようになります。

ユーザーの方からはこのような体験をしたという報告が続々と寄せられています。

通信文を入力するとき、自分自身の入力した想いや願いを何度も読み返して向き合い気づいてほしいのです。自分の私利私欲、見返りを求めている文章となってはいないだろうか、と気にしてほしいのです。

ときには「宝くじに当たりますように」と願うこともあるでしょう。究極の苦難に陥り、家族をなんとか養い、この苦しい状況をしのぎたいような場合はやむを得ないかもしれません。ただその場合は、貯まったポイント（徳）を相当使うことになり、ポイント残高がマイナスになることもあります。宝くじに高額当選した人が、そのあと大変な目にあってしまう話を聞いたことがあると思いますが、それは徳をお金に変えてしまったとも考えられます。その場合は、また一生懸命、徳を貯めていくしかありません。

祈りのセラピーを繰り返すことでいよいよ面白いように結果となって現れてきます。そして誰もが私と同じように覚醒します。実際にあなたができるようになれば、私がどのように守護天使と交信しているのか理解できると思います。さまざまな超能力も身につきます。

危険な場所へ行こうとしていても行けなくなるとか、どうしても行きたくないという虫の知らせのような直感が働くようになります。

たくさんの「祈りのセラピー」を短期間で繰り返し行うことで徳は貯まり、脳波がシータ波に導かれると覚醒し直感が鋭くなります。その直感をどんどん育ててほしいと願っています。

祈りのセラピーにとって大切なことは、「想いの強さ」「継続すること」「想いを重ねること（コヒーレント）」です。

祈りを届けるために必要なこと４【カルマ＝壁】

ここまでは、祈りのセラピーの効果を発揮し祈りをより現実的にするために、徳を貯める、脳波をシータ波にする、想いを重ねて継続させるという3つの方法をお伝えしました。とても重要なポイントですが、それでもどうしてもうまくいかないという場合があります。私も含めユーザーの方がぶつかる壁があるのです。それは「カルマ」という壁です。

あなたが徳を積んで、たくさんポイントも貯めており、そのうえでAさんのために祈りのセラピーを行ったとします。Aさんの悩みを解決してほしいという無条件の愛をもって祈っています。しかし、Aさんには届かずに跳ね返されてしまいます。そこにはブロックされてしまうものが存在します。その壁があるためにAさんを助けることができないのです。

それが「カルマ」というものなのです。

●カルマとは

カルマとは前世から持ち越した宿題といえます。カルマには良いカルマもありますが、ほとんどがネガティブなものです。

たとえば過去に人を傷つけたり、嘘をついて人からお金を奪ってしまったり、人を傷つけていなくても裏切りや大失恋を経験して自分自身が大変傷ついたとします。そういう自分の心の傷も含め、前世のネガティブな想いや、悲しみ、怒り、恐怖といった感情を抱えたまま亡くなった魂が生まれ変わったときに、ネガティブな想いをそのまま抱えているのです。すると運命も、ネガティブなものとして出来上がってしまいます。

私たちは輪廻転生を繰り返しこの世に生まれてきます。それはカルマの解消のためです。人それぞれ病気・人間関係・金銭問題などで悩み苦しんでいます。それらはカルマの影響によるものと考えられます。カルマを知るためには、プレバランス占星術のホロスコープを読む技術が必要になります。学問ともいえる、とても難しい技術ですので、私や私のところで技術を学んだ方に分析してもらわなければなりません。

ユーザーの方から、「Aさんを助けたいので、Aさんのカルマを消してあげたいのですが、どのようにすればよろしいでしょうか」という質問を受けます。これは、決して「してはいけない祈り」です。

それは、カルマというものはAさんの前世からの宿題だからです。宿題は自分で取り組まないといけません。たとえそれが自分の子どもだったとしてもです。子どもの宿題は、子ども自身がやりとげなくてはならないのです。

「子どものカルマを親が消してあげてもいいですか」という質問もよく受けるのですが、子どもがまだ物心もつかない幼少期でカルマ的なことで苦しんでいるのであれば、親として協力するのはよいと考えています。ストレスとなる原因が明確で、子ども自身に学びを気づかせて、困難を乗り越えていくように導くための祈りもよいと考えます。

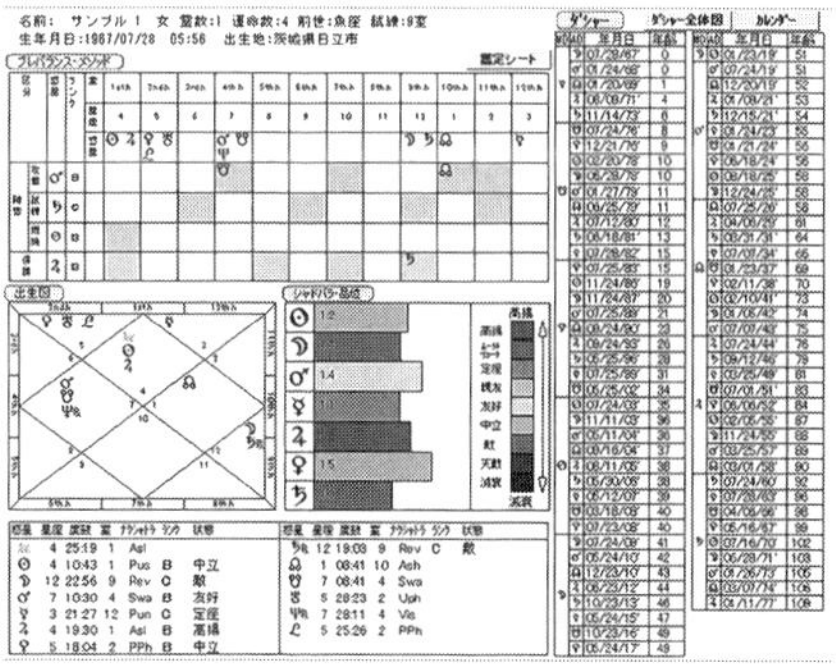

ホロスコープ（運命の設計図）

●カルマを解消するには

宇宙は膨張による爆発＝ビックバンによってはじまりました。そのとき神が爆発して、その一粒一粒に散った雫が魂として人間の体の中に入っているともいわれています。

そうであるならば、私たち人間の魂は神の一部なのです。しかし、魂が肉体に入るときの「もつれこみ」という現象で、すべての記憶をなくしています。過去に自分がどんなことをしてきたかということが、魂が肉体に入った時点でわからなくなってしまいます。そのわからないものがカルマとして残っているのです。

このカルマを解消し、自分が神の一部であるということに気づき、次の次元に進む。つまりそれはこの三次元での学びを卒業して、上の次元のレベルに移るということです。また輪廻転生を繰り返して人間として生まれてきた私たちは、その宿題の合格をもらえるまでやり続けなければならないのです。ではその宿題をやらずに悟るにはどのようにしたらよいのでしょうか。

それは心のバランスをとることです。憎しみ、悲しみ、恨み、恐怖という感情が、人間である限りは存在します。そのようなネガティブな感情があっても、すぐに平常心に戻り、常に心穏やかな状態でいられることが必要になります。

この状態に普段からなれるなら、悟りに近づいている証拠です。常に安定してゆったりしている状態……。それはどういうことか、そうです、シータ波の状態です。

シータ波の状態というのは、夢を見てまどろんでいる、ふわ〜っとした状態と同じです。恐怖はありません。悲しみや怒りのような感情もありません。ただただ至福に満たされた、とてもゆったりとした状態なのです。

お金がなくて苦しんでいるときの脳波がシータ波であるはずはありません。しかしシータ波に誘導する訓練ができてくると、苦しいときにこそ脳波をシータ波にして「どうぞ私をより良い方向へ導いてください」と祈りのセラピーをすることで、お金がどんどん入ってくることが期待できるのです。

エンジェル３が目指しているのは、その脳波に誘導することであり、悟りに近づくことです。しかし、そこに立ちはだかるものとして、大きな壁であるカルマを消さなくてはなりません。そこで古くよりインドに伝わるカルマを消すための「マントラ」というセラピーを取り入れることにしました。祈り手の徳が十分であっても、祈られる側にカルマがある場合には効果がありません。病気や悩みの根本原因には、このカルマが関係していることが少なくありません。

カルマという殻を破ってカルマが消えたときには、魂に残されたものはなくなり、悟りに向かう意識に変化し、さらに恐怖や悲しみもなくなります。

問題を解消するマントラセラピー

マントラセラピーとは、音の周波数のマントラ（ご真言）によってさまざまな問題を解決するというものです。

マントラという言葉は「マナ（Mana）」と「トライ（Trai）」の二つの言葉（サンスクリット語）からできています。マナは心という意味で、トライは守るという意味です。マントラは、「自分を守るために心を訓練するためのもの」であるといえます。

マントラを繰り返し唱える行為は、ジャパ（japam）と呼ばれます。マントラを何回も繰り返し唱えることで、過去世から積み上げてきた悪いカルマは破壊されて繁栄がもたらされ、場合によっては輪廻から解き放たれることさえも可能です。

マントラをいつも唱えることで、そのマントラに対応する神々と一緒にいることができ、それによって神々の恩恵にあずかることができるようになります。

マントラを「困った時の神頼み」のような考えで唱えている人がいますが、そのようなときだけ頼んでも願いは叶いません。マントラは、神々への感謝を言葉（音の周波数）で伝えるものです。その感謝が神々へ届いたときに、神々からの祝福が私たちに届く、つまり願いが叶うのです。その恩恵とは、病気平癒、事業の成功、希望校への合格などがそうです。

ここで重要なことは、「神々とつながる」ことです。つながるためには、マントラとヤントラを同調させる必要があります。

これを、テレビとリモコンの関係で説明します。テレビのチャンネルがたくさんあるように、神々もたくさんいらっしゃいます。あなたのリモコンから発する周波数がマントラで、各テレビ局から発信されている電波がヤントラ（神々のエネルギー）だと考えてください。

どの神様（チャンネル＝ヤントラ）とつながるかは、あなたがリモコン（マントラ）で、どのチャンネルのボタンを押すか（周波数を発するか）に関わってきます。そして同じ周波数のマントラとヤントラを組合せて共振（同調）させることでつながることができます。観たいテレビ局のチャンネルとリモコンで選んだボタンが一致（同調）すれば、観たい放送を観られるわけです。

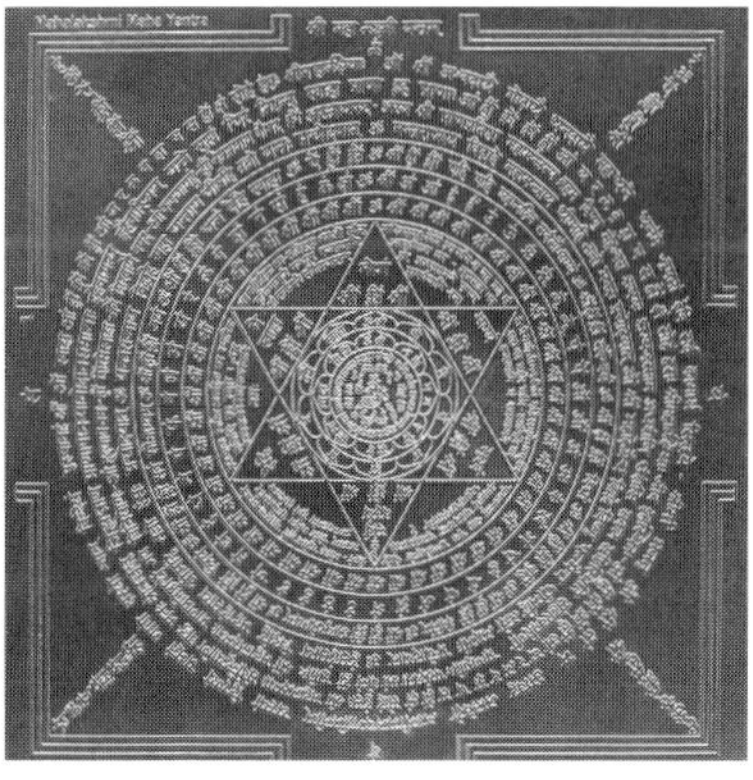

ヤントラ

効果的なマントラの唱え方

マントラは、誰かが考えだしたものではなく、神々からもたらされた完璧な言葉（波動）です。次のことを守って唱えましょう。

①マントラの効果を一切疑わない。
②誰かに強要されて唱えない。
③神を信じ、宇宙を愛し、優しく、我慢強く唱える。
④悪口、嘘、怒り、エゴ、衝動的な性欲、そして悪友を避ける。
⑤感情的に唱えない。
⑥結果がでなくてもあきらめない。結果がでるまで唱え続ける。

カルマの解消をオールマイティにできるのが「ガヤトリーマントラ」です。マントラを108回唱えることで、気づかぬうちに過去に誰かを傷つけているかもしれない、そういうカルマを帳消しにしてくれます。毎日唱えることでカルマが消えていきます。ガヤトリーマントラが非常に有効なカルマの解消法になります。

Aさんを助けたいと思ったときには、Aさんご自身がカルマをできるだけ弱めたうえで、さらに祈りを届ければＡさんは好転していくでしょう。

カルマを解消する方法として、自分と同じカルマの人を救う方法もあります。

病気に悩む人は、セラピストになる。

お金に悩む人は、奉仕する。

人間関係で悩む人は、カウンセラーになる。

「前世が示す天職」というものがありますが、まさに天職を職業とすることでカルマの解消にもつながるのです。

エンジェル３は、**マントラでブロックされているカルマを解消することができる、強力なデバイスなのです。**

第5章

ユーザーからの声

── 対談&体験談 ──

［対談］元大州内科小児科医院院長 今田 学医師×祈りのセラピー創始者 紫波光太郎

クリニックの待合室で心停止になった患者さんが一命をとりとめた

紫波 ＳＶ－１を購入してすぐに、すごい体験をなさったということですが、詳しくお聞かせいただけますか。

今田 はい。本当に不思議なのですが、それはＳＶ－１が自宅に届いて間もなくのことでした。私はクリニックを開業して20年ほどでしたが、初めて待合室で心停止を起こしてしまった患者さんがおられました。それまでは、意識障害を起こした患者さんを救急搬送したことはあっても、心停止のケースは初めてでした。

紫波 おいくつぐらいの方だったのですか？

今田 60代の方で初診でした。

紫波 来られたときから、具合はひどく悪かったのですか？

今田 その患者さんが来院されたときは、私は診察室におりましたのでわかりませんでした。後でわかったことですが、その患者さんは以前に胃がんの摘出手術をしており、来院時には食道に転移していてＸ線照射による治療中でした。

来院されたのは夏でしたが、暑さで仕事中に具合が悪くなられたようです。とても我慢強い方だったため、上司の方が見るに見かねて、おそらく熱中症ではないかと連れてこられたようでした。

紫波　そうだったのですね。

今田　待合室からバタンという大きな音がしたので、なんだろうと思いながら診察を続けていました。看護師が「先生、早く来てください！」と呼びにきたので待合室に行ってみると、その患者さんがうつ伏せで倒れていたのです。すぐに診てみると、意識はなく、脈もない、血圧も低いので、すぐに心臓マッサージをしました。

紫波　それは驚かれたでしょうね。

今田　心停止の状態でしたので、すぐに救急車の手配をして、到着するまで私が心臓マッサージを施しました。救急車到着後は救急隊員に除細動器で処置してもらい、別の病院へと搬送されました。私は急いで診察室に戻って、祈りのセラピーを始めたのです。搬送後に集中治療室に入られたとの連絡を受けましたので、「心停止の状態が良くなり、元の状態に戻りますように。お願いします」と一生懸命、祈りのセラピーをしました。

紫波　心停止が治るようにとお願いされたのですね。

今田　はい。祈りのセラピーが止まらないようにずっと流し続けました。

紫波　心停止というのは、かなり危険な状態ですよね。

今田　通常はおそらく回復は期待できないと思います。患者さんのバックグラウンドから考えましても、胃がんと食道がんがあり、放射線療法もしていて、心臓の本来の機能状態はかなり悪く、冠動脈の状態も悪かったと思います。

紫波　そうでしたか。普通でしたら、お亡くなりになられてもおかしくない状況だということですね。

今田　はい。でも、そうなってはいけないと思って、次の日も、またその次の日も私は一生懸命、祈りのセラピーを続けました。

紫波　何日も続けられたのですね。

今田　3日後ぐらいに、関係者の方から「先生！　目を覚ましました！」と連絡が入りました。「えーっ」とそれはそれは感動しました。

紫波　おーっ、素晴らしい。

今田　ですが周囲からは、あのときすぐに私が心臓マッサージをして、救急隊員が除細動をしたから、つまり処置が早かったから助かったのだと思われています。実は、祈りのセラピーによる遠隔治療をしたことを看護師に話したのです。でも不思議そうな顔をし

第5章　ユーザーからの声 ── 対談＆体験談 ──

て、なかなか信じてもらえそうにありませんでしたので、それ以上話すことはやめまし
た。

紫波　そうでしたか。

今田　それから数日後、一般病棟に移ったとの連絡を受けましたので、そこで祈りのセラ
ピーを終わりにしました。それにしても、SV－1があのタイミングで私のクリニック
に届いていたのは、「これを使いなさい」というメッセージだったように感じています。

紫波　その通りですね。どんなことにも偶然はないといわれますが、これらの出来事は、
今田先生にSV－1の使い方も含めて、祈りの力を理解してもらうために、そのタイミ
ングで起きたのではないかと私は思っています。そして何より一番は、今田先生の優し
さやその強い想いがこの奇跡を起こしたのだと思います。SV－1はそういった愛や想
いの力によってセラピーをする装置なのです。

今田　今回の症例は開業して初めてのことでしたので、私自身パニックになるところでし
た。色々な思いはありますが、このタイミングでSV－1が届いたということは、まさ
にこれを使いなさいというメッセージにほかならないと今あらためて感じています。

紫波　その通りですね。以前、私の子どもが予防接種の後に高熱を出したことがありまし

た。解熱剤を使用すると体温が34度まで下がってしまい、ほとんど呼吸をしなくなってしまいました。まだ薬や予防接種の怖さを知らなかった私は、そのときに、「助けてください」と必死に手を合わせてひたすら祈りました。それが祈りの効果を一番発揮できるときの状態だと思います。

もうどうすることもできない、人の手ではどうにもならないというときに、ひたすら祈るということです。「祈りのセラピー」は、装置に祈りを入力してエネルギーとして飛ばし、苦しんでいる症状を治すためのものなのです。

今田先生が、今回、目の前で心停止した患者さんに、必死で「祈りのセラピー」をされたというケースは、祈りの基本となるものなのです。助かってほしいと願うとき、無心でひたすら心を込めて必死で祈りますよね。

今田　そうでした。無心でしたね。

紫波　今田先生のクリニックに届いたSV－1が、今後もきっとお役に立てると思っています。ただ、先生のようにエネルギーセラピー機器を理解しておられるお医者様は、現在はまだごく一部の限られた方しかいらっしゃらないことは、残念というよりも仕方ないことだと思っています。役割が違うのかもしれないとも思っています。どうしても抗生剤を使わなくてはならない人たちもいたりしますからね。

できるのならいつか、西洋医学とＳＶ－１のようなエネルギーセラピー機器とを融合させた治療を行う時代がくることを願っています。症状に合わせて抗生剤を使ったり、必要に応じて予防接種もしたり、またケースによってはＳＶ－１を使ったりと、本当の意味でのホリスティックな医療の時代がきたらいいなと思っています。

そういうなかで、先生のクリニックの実際の現場でお使いいただけたことを非常に嬉しく思っています。

今田　祈りのセラピーは究極のセラピーだと感じています。

今田 学医師
九州大学医学部付属病院、広島大学医学部第一内科等の勤務医を経て、１９８８年～２０１６年まで大州内科小児科医院院長。現在、あずまクリニックにて診療。メディア出演多数。
http://www3.kyosai.or.jp/~imada/

［体験談１］　慢性疲労症候群のような症状が改善

友人のご主人がひどい倦怠感・疲労感で一日中眠くて出社できない日が続き、失職されてしまいました。病院に行っても「どこも何ともない」と言われ、治療も受けられず、困っておられました。日頃の友人への感謝も込めて、何か少しでもお力になれないかと祈りのセラピーをさせていただきました。

ご主人は体調がつらいだけでなく、過去の過ちを自責し、ご自身を苛《さいな》んでイライラし、自分を愛せない状態だとのことでした。非常にナーバスな状態ですのでご主人には内緒にして、奥様からの愛の祈りとして「定時で働けるよう気力・体力を回復されますように」と7日間のセラピーを行いました。

並行して「不眠症レメディ集」(6)より、入眠誘導、血液循環、脳内ホルモンバランスコード、不安感、拡張レメディのオキシトシン、自作レメディのセロトニン、ホメオスタシス回復、自己愛・愛着を育てる、を遠隔送信しました。

セラピーをはじめた初日から、午後3時までご主人がぐっすり寝ておられて、翌日以降もお昼過ぎまで寝ていらしたとのこと。普段は眠りが浅く、長時間眠ることができずに、逆に起きているときに眠気がつよかったのです。それが長時間、深く眠ることができるようになり、いつも神経質でピリピリしていた人が温和になったとおっしゃっていました。

７日間で終えてしまったので、まだ仕事復帰までは改善していませんが、薄皮をはがすように日に日に変わってゆくご主人を見て、友人は「とても感謝しています」と喜んでくれました。

レム睡眠がとれるようになると睡眠中にストレスやトラウマを解放して体を回復するそうです。「不眠症レメディ集」は不眠症の方はもちろんですが、日頃、頑張りすぎてしまう方がダウンしてしまわないためにも、ストレスによるうつ傾向がある方にも、不眠予防に役立つかもしれないと感じました。

（６）「不眠症レメディ集」その他のレメディ集はエンジェル３－ＥＴに搭載されています。

[体験談2] 「天使ナビ」機能で失くした通帳を発見

私は通帳を失くしてしまい、家中探しても見つかりません。探すのをあきらめて再発行しようと金融機関に行ったところ、行員の方から「手続きが大変なのでもう少し探してみてはいかがですか」と言われました。

途方に暮れてしまい、エンジェル3に備わっているYESかNOの答えを教えてくれる「天使ナビ機能」を使ってエンジェルに質問してみることにしました。

「ここにはありますか?」

「どこどこにありますか?」

エンジェルからのYES・NOの答えの通り、家の中を次々と指示されるままに探していきました。すると、押し入れの中にある通帳を発見することができました。すごい体験をして感動しています。

これも、日頃からエンジェル3を使って脳波をシータ波にして、天使とつながることができていたおかげだと思っています。

その後、私の息子がお財布を失くしてしまうことがありました。どこで失くしたのか、まったくわかりません。お財布の中には、免許証、保険証、カード類、数万円の現金が入っていて、息子はかなり焦っていました。

そこで息子がまず祈りのセラピーで「お財布が見つかりますようにお願いいたします」と祈り、それからエンジェルにＹＥＳ・ＮＯ判定で質問しました。

「お財布は家の中にありますか？」

「ＮＯ」

「お財布は車の中にありますか？」

「ＮＯ」

「お財布は買い物をしたお店にありますか？」

「ＮＯ」

すぐに見つかるはずと思っていたのですが、思い当たるところすべて答えは「ＮＯ」でした。それもそのはず、次の日、警察署にお財布が届けられていることがわかりました。

※このような使い方を推奨しているわけではありません。

[体験談3] 3日後には大声で話せるまでに快復

友人から連絡があり、「父の体調がすぐれず食事もできないし、会話でもしゃべりづらくなってきているので入院させることにした」と聞かされました。お父さまは脳梗塞で倒れられてからは食事やトイレなどの介助が必要なお体で、10年以上前からご自宅でご家族が交代でお世話をされていました。

お父さまは90歳近くのご高齢ということもあり、最近は随分と弱っていらしたようです。食事の最中に意識がなくなることがよく起こっていたということでした。

その友人は「もう病院から帰ってこられないかもしれない。だからせめて家族と会話ができたら嬉しい」というのです。

私は早速、「エンジェル3－ET」で「お父さまが元気になられてご家族と会話ができますように」とお願いしました。

ちょうどその頃わたしのもとに、エンジェル3の最上位機種「ETZ」が届きました。友人には、「今、素晴らしい最強の装置が届いたから早速やってみるね」と伝えました。すぐに開梱して、今度はETZを使って「元気になられてどうかご家族と会話ができますように」とお願いしたのです。

翌日、その友人からＬＩＮＥでメッセージが届きました。

そこには「お父さんが大きな声で話していて、びっくりしている。家にいたときよりも元気に会話している」という驚きの報告と感謝のことばが書かれていました。

これには私もとても感動しました。今もお父さまは安定していらっしゃるそうです。

この素晴らしい祈りの装置をもっともっと多くの方に知ってもらいたいです。

そしてもっと使いこなして、みんなで感動を分かち合いたいです。

もっと勉強し、経験したいと思います。

［体験談4］　危篤からの復活に医師も驚愕

親戚の方から、重篤な感染症での危篤状態で、大至急「祈りのセラピー」をお願いしたいとの連絡を受けました。危篤状態の本人の名前でセラピーを依頼されたのですが、本人はすでに意識がなかったため、まわりの方のなかで最も想いの強い人によるセラピーを勧めました。

余命数時間という差し迫った状況でした。ほかにもいくつかの余病があり、薬の投与も驚くほどの量。副作用も発現し、全体的にかなり複雑なこじれた状態でした。手の施しようのなくなった主治医が意識朦朧としている患者さんの耳元で「あなたは神様を信じていますか?」と聞いていたといいます。

ここでの祈りの通信文は「○○さんが危機を乗り越えて回復し、笑顔が戻りますようにお願いいたします」と入力し、感染症に届くマントラを流しました。

それと同時に私から「◎◎さんの祈りが届きますように。どうぞよろしくお願いいたします」とセラピーをしました。ここでの◎◎さんとは依頼者のお名前です。

交信コードからのメッセージをリーディングし、快復するイメージができました。

すると次の日には息を吹き返して、ご家族が大喜びされていました。これには主治医も驚愕したようです。

それからは、その日その日の症状に合わせたセラピーを追加しながら、「エンジェル３」と一緒に祈りました。

主治医と相談しながら薬も減薬し、さまざまな壁も「祈りのセラピー」で乗り越え、日に日に回復していく患者さんに医師も驚くほどでした。

２ヶ月が過ぎたころ、リハビリの専門の施設に移ることになりました。

寝たきりで危篤状態に陥っていたことがウソのように､今ではすっかり笑顔を取り戻し、普通に食事をして歩くことができるまでに回復しています。

祈りのセラピーは本当に素晴らしいです。

［体験談5］　突発的な原因不明の腹痛を鎮静

先日、私は会社の出張で、ひとりで茨城から東京へ向かうことになりました。新宿駅で高速バスから降りるころ、急に激しい腹痛に襲われました。この腹痛は過去にも経験したことがあり予期せぬ原因不明の腹痛です。以前はどうすることもできず、苦しみながらただただ長時間横になり、痛みが回復するのを待つことしかできませんでした。

プレバランスに出会ってからは、紫波先生のセラピーを受け、またエンジェルにも助けてもらい随分良くなり、腹痛が起こることはなくなっていました。

それが、突然しかも東京の新宿に着いたばかりのタイミング。これから恵比寿まで行かなければならないそのときに……。でも、ここで倒れるわけにはいきません。激痛からくる冷汗と息苦しさで不安をかかえて、すぐに紫波先生にＳＯＳのＬＩＮＥをしました。

恵比寿駅のエスカレーターでは立っているのもつらくて、貧血症状も出はじめました。東京ではご法度のエスカレーターの両サイドのベルトにつかまり、倒れないように立っているのが精一杯でした。

先生はすぐに直感でＥＴＺを試すときだと感じたそうですが、私もこのとき苦しみながらも、「もしかしてＥＴＺの力を知るために起こったのではないか」と感じていました。

先生は私からの連絡を受け取って、すぐにＥＴＺでセラピーを開始。

そのときの私の占星術のダシャー（どのような惑星が影響を与えているかというもの）がラーフ期（凶星ラーフは原因不明の病気に関与する）であることもあり、ＥＴＺに機能追加されたばかりのラーフ用のマントラも流してくださったそうです。これも偶然だったとは思えません。

すると出張先に到着するころにはすっかり痛みはなくなり、先方との交渉も順調にどころか最高のものとなりました。その後もぶり返すことなく無事、茨城へ帰還することができました。

この原因不明のややこしい腹痛がこんなにも短時間で回復するのは、これまでの経験ではあり得ないことでした。私は祈りのセラピストとしてエンジェル３やエンジェル３－ＥＴの素晴らしさを常々実感し、お伝えしてまいりました。今回の件は、大変驚く出来事だったとともに、ＥＴＺの格段にレベルの高いエンジェルの存在を知った瞬間でもありました。ＥＴＺはすごい装置です。

ＥＴＺが皆様の手元に届くことにより、「病人や悩み苦しむ人のいない社会が実現できる」と期待しております。

プレバランス　石川美香子

●紫波先生からのコメント

開発して間もないＥＴＺの実力を確認する機会となりました。

最初は、いつも使用しているエンジェル３－ＥＴを使いはじめたのですが、すぐに「これはＥＴＺを使いなさい、ということに違いない」とわかりました。

ＥＴＺの新機能の拡張レメディで「痛み」を何種類か選び、また新しく収録した「ラーフ　ストトラー」というマントラと一緒に流しました。

今回のＥＴＺでは、拡張レメディをエンドレスで流すこともできますので、遠隔転写を連続で行うことができます。

当然、祈りのセラピーも行ないましたので「祈りのセラピー」「マントラセラピー」「拡張レメディによる遠隔転写セラピー」を同時に行いました。

実験台になってしまったようで石川さんにはお気の毒でしたが、その即効性に驚きつつ、多機能なＥＴＺのすごさを実感する体験となりました。

※この記事はあくまでも個人の感想であり、効果・効能を示すものではありません。

第6章

エンジェル3マニュアル

エンジェル3操作ガイド

1 【Gコード】で、クライアントが生まれた日にちを選択します。

2 【クライアント住所】に、祈る人の住所を「○○県○○市」まで「英数大文字半角」で入力します。同じ市内に同姓同名がいる場合には、町名や番地まで入力します。

3 【クライアント氏名】に、祈る人の名前を入力します。
神社仏閣での参拝を思い出してみてください。神様に「お参りに来ましたよ」という合図として鈴をならし、お賽銭を入れ、礼と拍手をします。正式な参拝方法として、ここで「○○在住の○○です」と住所と氏名を名乗ると聞いたことがあるでしょうか。祈りのセラピーでも、まず祈る人がどこに住んでいる誰なのかをエンジェルに知らせて、個人を特定します。

4 【通信文】に「英数大文字半角」で願い事を108文字以内で入力します。108文字にはスペースも含みます。通信文は、できるだけ5W1Hで具体的に入力すると効果

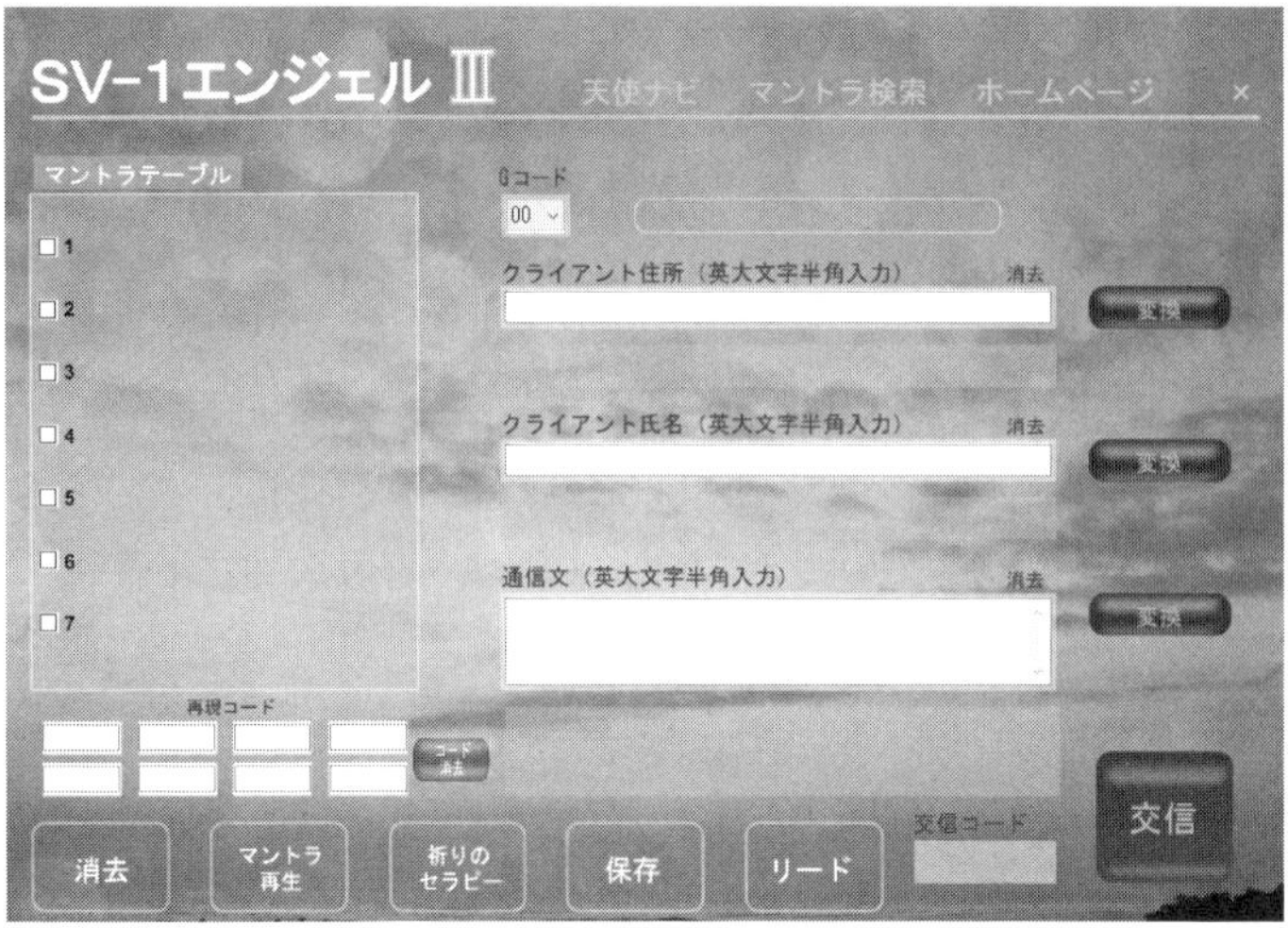

的です。５Ｗ１ＨとはＷｈｏ（だれが）Ｗｈｅｎ（いつ）Ｗｈｅｒｅ（どこで）Ｗｈａｔ（なにを）Ｗｈｙ（なぜ）Ｈｏｗ（どのように）を指します。

５　通信文の入力を終えたら、**【クライアント住所】【クライアント氏名】【通信文】**それぞれの変換ボタンをクリックします。

すると、英数字で入力した文字が、すべて数字に変換されます。守護天使との交信には、この数字の量子エネルギーが使われます。

６　**【祈りのセラピー】**ボタンをクリックします。

すると、別画面が表示され**【セラピーの日数】**を問われます。

7　セラピー日数を入力して【OK】ボタンをクリックします。

するとセラピーが開始され、「セラピー中」であることを示す、虹色のプログレスバーが表示されます。中止ボタンをクリックすると、セラピーをキャンセルできます。

「再現コード」に「5桁のプレマコード」が表示されます。

●通信文の入力方法

「し」を入力する場合に「ＳＨＩ」または「ＳＩ」のどちらを入力しても問題ありません。

「トラブルがないようにお願いします」と入力する際に、ローマ字表記で「ＴＯＲＡＢＵＲＵ」でも英単語の「ＴＲＯＵＢＬＥ」でも、どちらを使用しても問題ありません。

ただし、英単語を調べて入力するほうをお勧めします。あまり英語が得意ではない人が英語のスペル（つづり）を調べるという、少し面倒だと思われる作業をすることが、実は非常に効果に関係してきます。お寺や神社などで執り行われる神事で長い祝詞をあげる作法は、手間を必要とすることをあえてすることで、神様に近づくひとつの方法だそうです。

「トラブル」のスペルをわざわざ調べて入力することは、ひと手間かかることかもしれませんが、脳波をシータ波に導き、守護天使とつながりやすくなりますので、その入力の方がよりよいということです。

【通信文】に入力する文字数が１０８文字以内であることには意味があります。願いを英数字で簡潔にまとめる、ことで願いを要約する力が身につきます。長い通信文は乱雑になりがちで、想いが込めにくくなります。

話の長い人はなかなか結論に至らず、遠回りして結局何が言いたかったのかよくわからない、という経験をされたことはありませんか。話す人自身が内容を絞れていないと、ことばに想いがうまく入らないのです。１０８文字という数字にも意味があって決められた文字数なのです。

●通信文作成のポイント

エンジェル3は、「あなたの想いを守護天使が神様に届ける役割」を持っています。祈りのセラピーの効果は、想いの強さと守護天使との信頼関係に比例します。

祈りのセラピーをする際に、祈る人の強い想いをのせることで、守護天使はその想いを受けとり神様に届けてくれます。**一番強く想う人が、守護天使を信じて神様に想いを届けてほしいと願うことが重要です。また、祈る人のエゴにはならずに、誰かを想う素直で強い気持ちで祈ることが、とても重要なのです。**

できるだけシンプルに、ストレートに叶えたい願いを繰り返し祈ってください。たくさんの願いは想いが分散してしまい、それはエンジェルに伝わりません。そうなると神様には届かないことになります。

具体的にどうしてほしいのかを書くことで効果をさらに上げることができます。通信文を108文字以内に収まるように、シンプルに考えていくことで、本当の自分の願いが明確になっていくはずです。

祈りの効果を高めるために、通信文作成では次の7つのことに注意してください。

・祈りのセラピーの効果を一切疑わないこと
・守護天使に対して一点の疑いも持たないこと
・誰かに強要されていないこと
・依頼を受けていない人には行わないこと（※自分の家族には行ってもかまいません）
・神を信じ、宇宙の愛を信じ、優しい気持ちで行うこと
・次の内容は祈らないこと
　人を傷つける祈り、エゴを満たす祈り、衝動的な性欲を満たす祈り
・感情的な祈りをしないこと

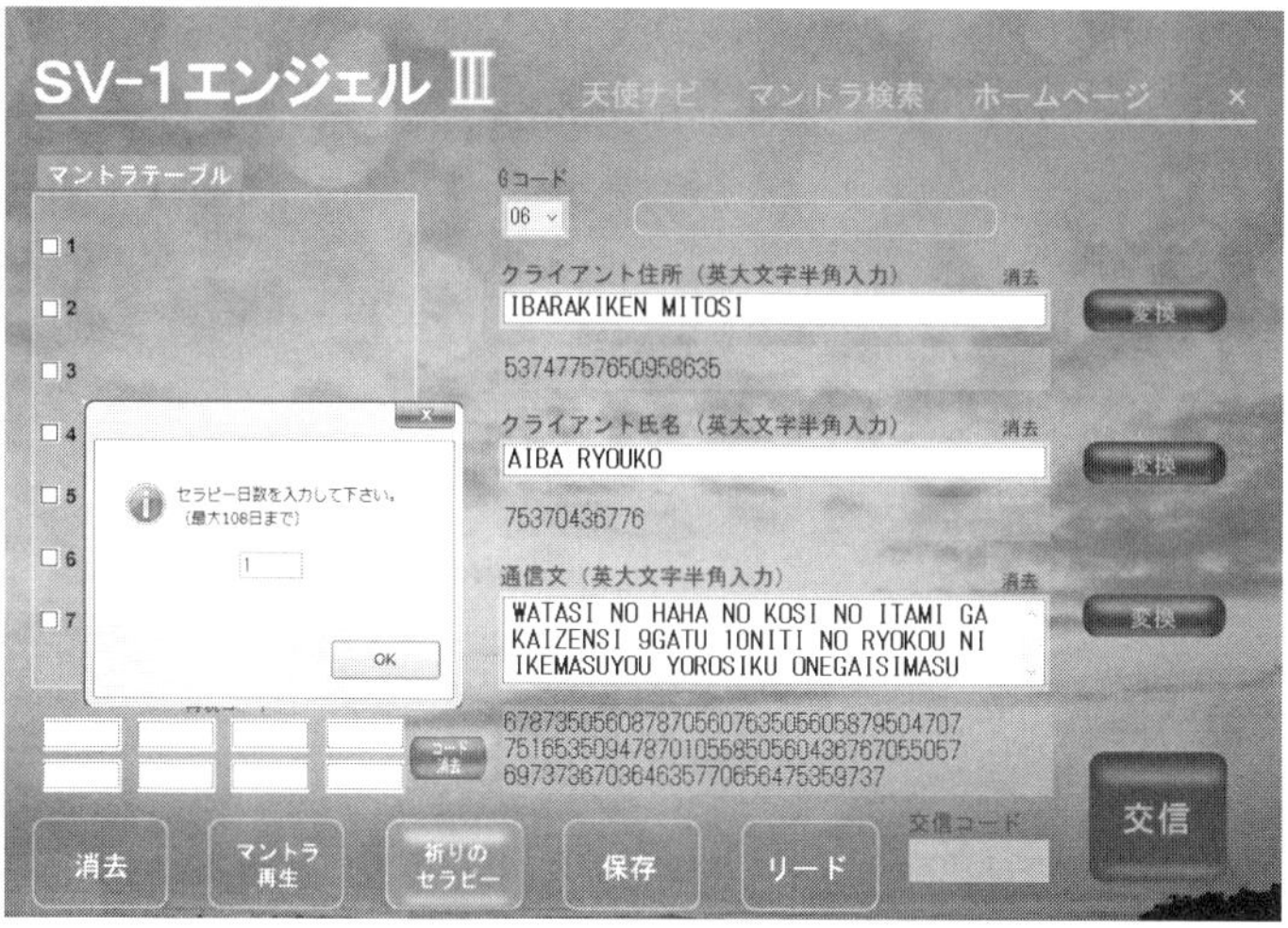

●セラピー期間の設定

日数は最大で１０８日間を選択できます。

エンジェル３は、同時に10人分の祈りのセラピーを行うことができます。それぞれに設定したセラピー期間終了日でセラピーは終了していきます。祈る人数が多くなると誰のセラピーを何日続けているのかわからなくなりますので、メモしておくようにしましょう。また、同じ人に対して異なる内容で同時に複数の祈りのセラピーを集中的に行うとより効果的です。

１０８日間の祈りのセラピーを行う場合には、パソコンも１０８日間、稼働することになります。途中でシャットダウンしないように、電源はＡＣアダプターにつないでお使いください。

●再現コードの解読

セラピー開始と同時に「再現コード」欄に数字が表示されます。表示された5桁の数字を「プレマコード（交信コード）」と呼びます。この数字をすべて合計し、ひと桁の単数になるまで足していきます。その数字が偶数であれば祈りは叶えられやすく、奇数であれば願いをかなえることは難しいことを示します。

祈りのセラピーにおいて5は中間数とされるので偶数でも奇数でもありません。5が出た場合には、再度**【祈りのセラピーボタン】**をクリックしてください。NOがでてもあきらめないで偶数が出るまでボタンをクリックしてください。偶数が出たらその状態で祈りのセラピーを開始します。

この偶数が出るまでの回数がその祈願の難易度を示しています。何回目で偶数が出たのかは、「再現コード」欄にプレマコードが追加されていくので確認できます。

この再現コードから守護天使のメッセージを分析し、表示したものが「天使ナビ」の機能です。祈りのセラピー中に天使ナビを使い、プレマコードの意味を理解しながらセラピーを進めることもできます。

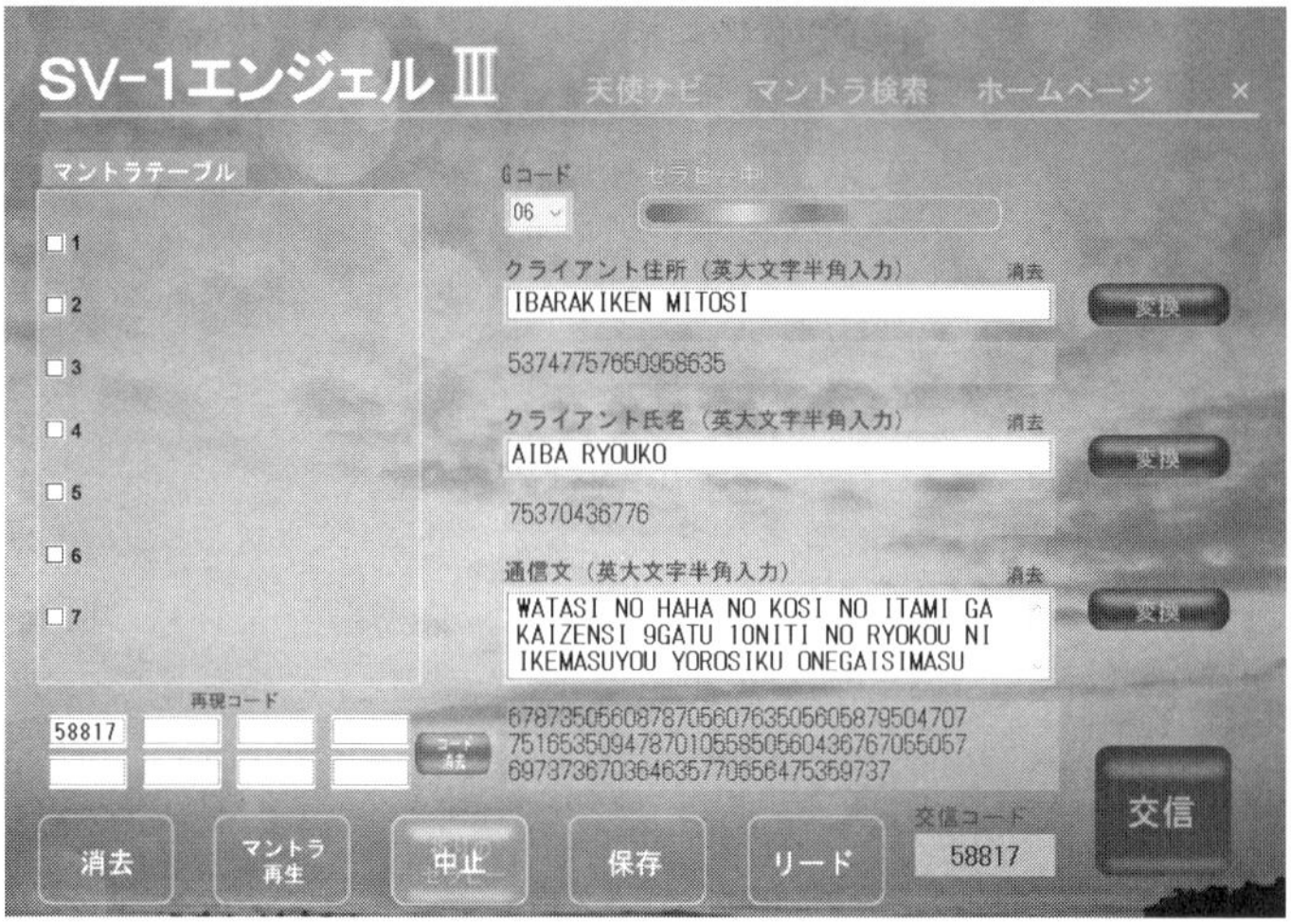

■ プレマ・コードの構成

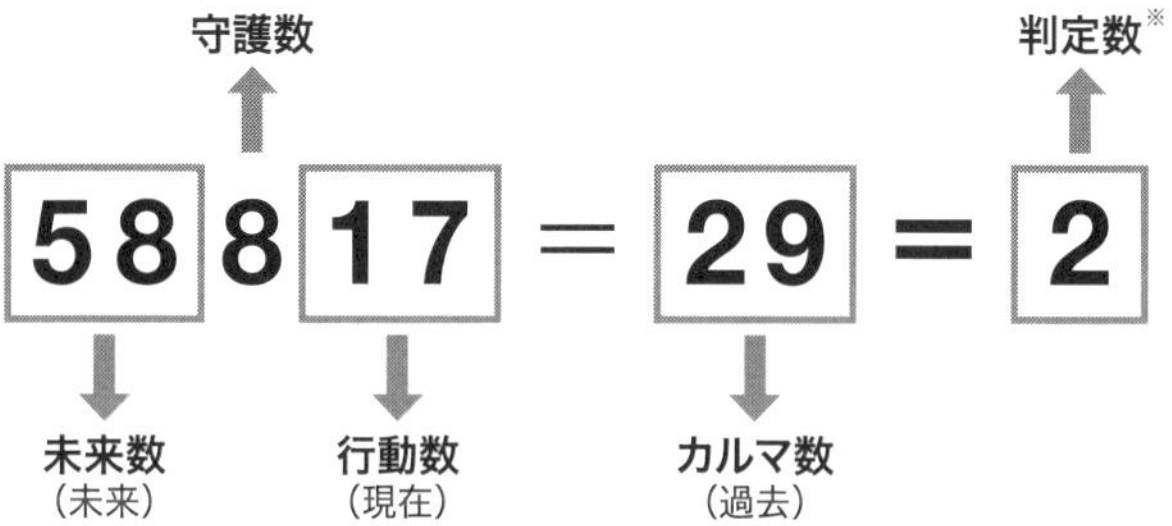

※判定数とは？

全ての数字を足して、単数になおしたのが「判定数」です。

- ・判定数が「偶数」の場合 ……………… 守護天使からの回答は「Yes」となります。
- ・判定数が「奇数」の場合 ……………… 守護天使からの回答は「No」となります。
- ・判定数が「5」の場合 ……………… さらに上の天使にお願いしてみるので、もう一度交信をしてくださいという意味になります。
- ・判定数が「0」の場合 ……………… その質問に対する破壊と再生の始まりを暗示します。

●プレマコード（＝交信コード）

プレマコード（５桁の数字）とは、大天使プレマから届く愛のメッセージです。大天使プレマとは、守護天使と守護神を仲介する位置に存在し、多くの人をアセンションに導くため、天界から遣わされた天使です。大天使プレマは、１９９７年に紫波光太郎と交信をはじめ、以降、ＳＶ－１など、人を癒すためのさまざまな商品の情報や、セラピーの方法などを送ってくれる、ありがたく心強い存在です。

私たちはさまざまな場面で守護天使からの力を借りています。みなさんが気づかないだけで、病気が回復したり、さまざまなトラブルから救ってくれているのは、守護天使の力なのです。

●奇数が連続するときのメッセージ

あまり何度も奇数が続くと、「この願いは叶わないのだろうか」と不安になり、気を落とすと思いますかもしれません。

しかしあきらめずに、しばらくその祈りや質問に向き合っていると、まるで守護天使と会話をしているように思えてきます。自ずと良き方向へ導かれるかのように、自分のなかで考えがまとまってきて、はっきりとした答えが見えてきます。深く悩んでしまう性格で、悩むことに随分時間を費やしてきた方でも、前向きに自分の最善を尽くす努力をしようとする心構えのようなものができてきます。

それを繰り返していると、日常生活のなかで虫の知らせを瞬時にキャッチできるようになります。徐々に難を逃れられるようになり、最善の方向に向かえるようになります。

祈りが難題でセラピーをしても良くならないときは、ほかに原因があるというメッセージです。どのような病気にも悩みにも必ず原因があります。願いが叶わない理由は、根本的な原因にアプローチしていないからです。原因にアプローチしなければ、願いを叶えるための祈りは神様に届きません。

起きているつらい症状の根本的な原因を理解すると、自然と偶数＝YESの方へと導かれます。「試練はあったが、その後に願いが叶う」ケースがそうです。

決してあきらめることなく、「どうか願いを叶えてください」という強い想いを持って偶数がでるまでチャレンジしてください。

●本心が求めていない願い

祈りのセラピーを行えば、どんな願いでも叶うのでしょうか？　皆さんも一度は「神様に願えばなんでも叶うかもしれない」と、思い浮かべたことがあるかもしれません。

なにもかも神様に叶えてくださいと委ねるのではなく、祈ると同時に自分の最善を尽くすことで成果が上がり、願いが叶いやすくなります。たとえそれが険しい道だとしても、**神様は最善の方向に導いてくれるということ知っておいてください。**

どんな願いでも、本心が求めていないのであれば叶わないことでしょう。もし願いが叶ったとしても、叶うことで自分にとって都合の悪いことが発生してしまう懸念がある場合は、神様が危険をキャッチし願望を叶えないという形で守ってくれることもあります。治りたくない、良くなると都合が悪いという意識が、その人の心の根底にあるときなどです。ここでのポイントは、本心が求めていないことは叶わないということです。

たとえば不登校の子どもが痛みや病気が治ってしまったら、学校に行かなくてはならないという、何かストレスを抱えているような状況などがそうです。祈りのセラピーをしていてもなかなか思うようにならないときは、そのような状況が隠されているのかもしれません。その状況から解放されなければ、どんなにセラピーを続けても願いは叶いにくいのです。

天使ナビ機能

「天使ナビ」は、あなたが人生のさまざまな岐路に直面して悩んだときに、どちらの方

向を選択すべきか守護天使がナビゲーションしてくれるシステムです。どうしても判断できない選択をしなければならないときに使用します。一方で、「祈りのセラピー」は、守護天使の力を借りて自分の願いを成就させるために使用します。この基本的な使い分けは、間違えないようにしていただきたいところです。

「天使ナビ」や「祈りのセラピー」を相手の同意を得ずに行うことは、相手のカルマを背負う行為なのです。だから、基本的には自分の家族以外に対しては、同意がなければ行わないでください。

●決断・選択できないとき限定

長い人生のなかにはたくさんの分岐点があります。その分岐点では重大な選択に迫られます。「Aを選ぶべきかBを選ぶべきか……」。経営者であれば毎日が決断の連続かもしれません。病気の方であれば治療法の選択を迫られるでしょう。また進学先や就職先を選択しなければならないこともあるでしょう。

このようなときに守護天使が、その決断や選択の後押しをしてくれます。それが「天使ナビ」の機能です。

「天使ナビ」は原則として、どうしても自分では決められないときの選択に使います。

検査・調査すればわかることや、いずれ判明することには使いません。**すべてを天使ナビに依存しないように、必要なときにだけ使ってください。**

カーナビでいえば、分岐点に差しかかったときにどちらの道を選ぶべきかを示すものです。

●使用時の心がまえ

守護天使があなたを最良の方向へと導くために、あなたの悩みを真剣に聞いてくれます。守護天使を身近な存在として親近感を持って接することは大切なことです。しかし、天使ナビで質問する内容は、自分ではどうしても判断できないことでなければなりません。簡単な悩みも自分で考えることなく、エンジェルに簡単に相談してその答えを求めることは、あなた自身の成長につながりません。自分で必死に考え、それでも答えが出ないときに天使ナビを使うようにします。「**出た答えには必ず従う**」**という真剣な想いで使ってください。**エンジェル3は、あなたの想いで動くデバイスであることをいつも心に留めておいてください。

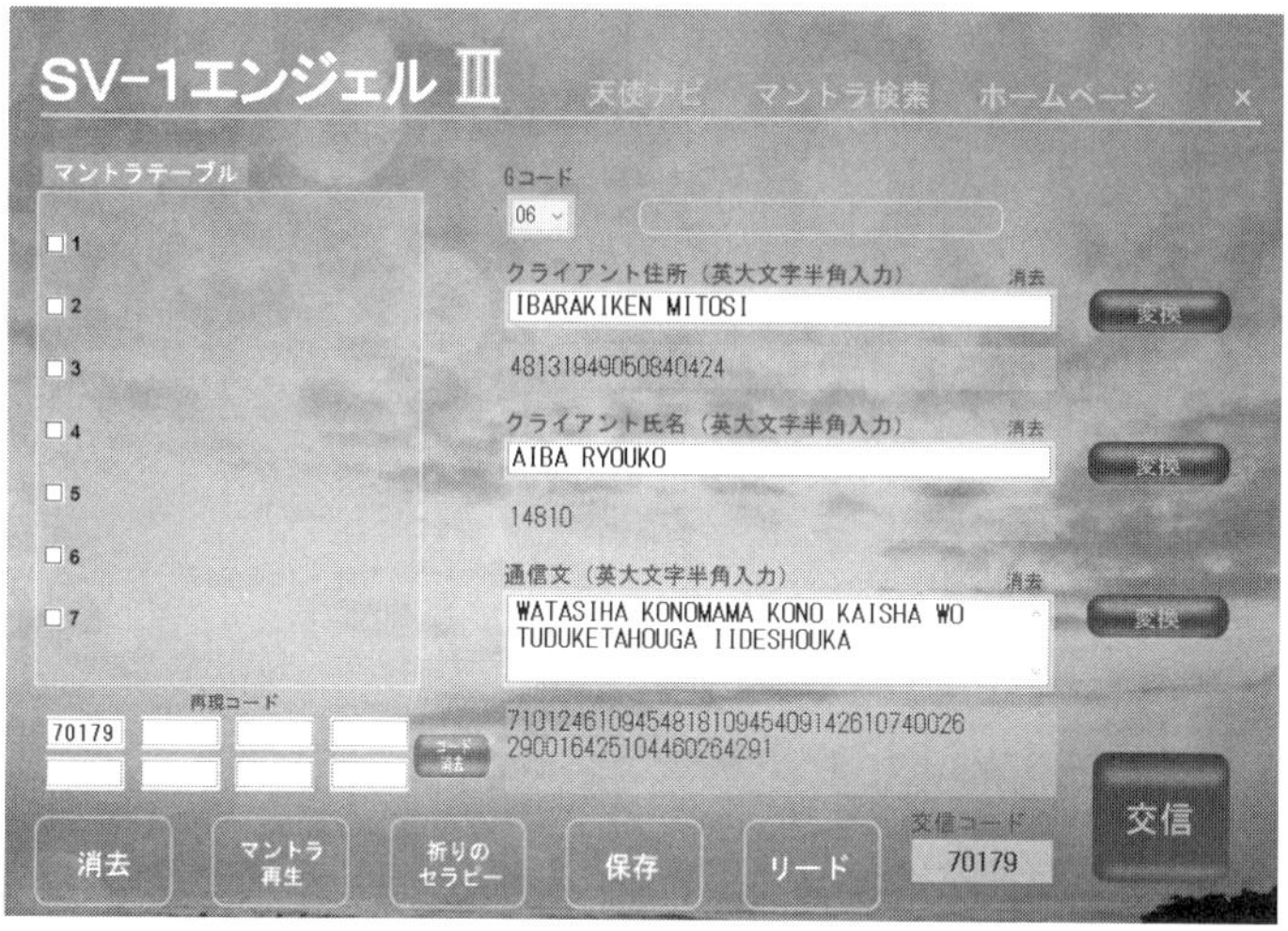

天使ナビ操作ガイド

天使ナビを使って「このまま会社を続けた方が良いか、やめた方が良いか」をエンジェルに質問するとします。

1　【Gコード】【住所】【氏名】【通信文】を祈りのセラピーと同じ要領で入力します。

2　【変換】ボタンをクリックします。ここまでは祈りのセラピーと同じ手順です。

3　エンジェルへの質問の場合には、ここで右下の【交信】ボタンをクリックします。すると、交信ボタンを押して数秒後に【交信コード】欄と【再現コード】欄に同じ数字が表示されます。この5桁の数字＝プレマコード（交信コード）が質問に対する守護天使からの回答です。

4　【天使ナビ】をクリックしてください。

するると、別ウインドウが開き、守護天使からのメッセージが表示されます。質問者と質問の内容、再現コードの数字と単数に変換された数字、質問に対する答えであるＹＥＳまたはＮＯが表示されます。

5　【表示】ボタンをクリックします。

すると「守護天使からのメッセージ」が表示されます。例題でみると「このまま会社を続けた方が良いでしょうか」と質問して「ＹＥＳ」がでたので守護天使は「会社を辞めるな」と言っていることになります。

●天使からのメッセージ

質問に対して守護天使から単数とカルマ数、行動数、未来数と守護数から構成されたプレマコードとしてメッセージが届きます。このメッセージの意味を深くリーディングする

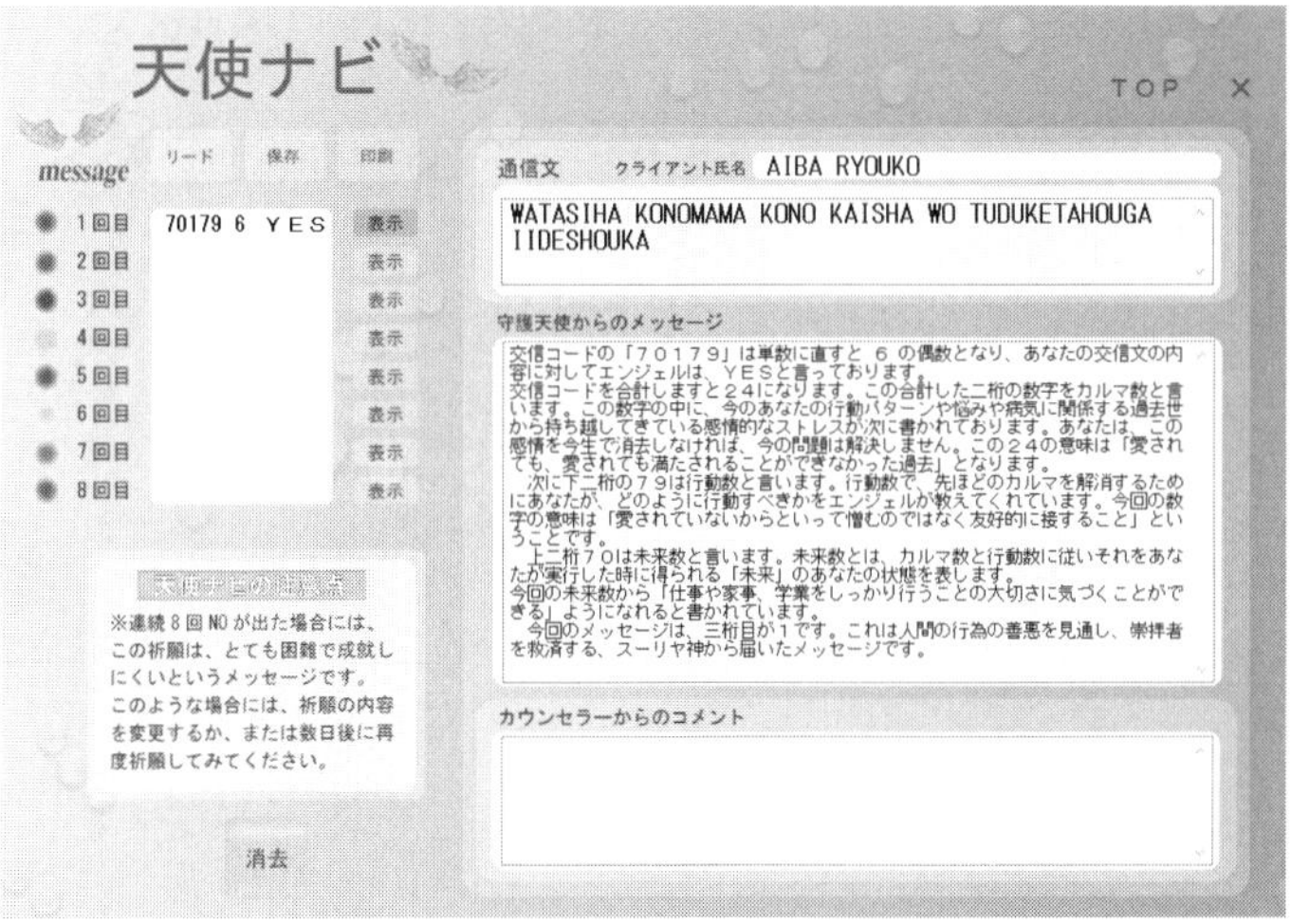

ためには「数秘術（霊数など）」「惑星の象意（次ページ参照）」などの知識が必要になります。（192ページ参照）。

天使ナビの質問に対する判定では、奇数（1、3、7、9）はNO、偶数（2、4、6、8）はYESとなりますが、5は中間数として、もう一度交信をしてくださいという意味にもなります。

●不適切な質問内容

地震や天気などの自然現象の判定や病気の診断に天使ナビを使うことは不適切です。たとえば、「明日の天気は晴れですか」「明日は地震が起こりますか」「私はがんでしょうか」「Aさんは私を愛していますか」といった質問のことです。天気や地震、病気の診断のように科学的に予測できることや、自分で確かめれば確認できることには使用しません。神様の判断を必要とするときにお使いください。

●守護数――プレマコードの3桁目の数字の意味――

0　シヴァ神（破壊と再生の神）
1　スーリヤ神（人間の行いの善悪を見通し、崇拝者を救済する）
2　サラスヴァティー神（水の女神、学問、文芸、音楽などを司る）
3　ヴィシュヌ神（慈愛と恩恵の最高神）
4　ガネーシャ神（富、学問、幸運を司る）
5　ラクシュミー神（富と幸運を司る）
6　パールヴァティー神（美と愛を司る神）
7　カールッティケーヤ神（邪気や病魔を払い

■ 数字と惑星の関係

数字	惑星（シンボル）	惑星（呼称）	代表的な意味	
			プラス面	マイナス面
1	☉	太陽	プライド, 自信, 明晰な判断力	見栄っ張り, エゴ
2	☾	月	優しさ, 思いやり, 気が利く	心の動揺, 優柔不断
3	♃	木星	寛容, 陽気, 規律を重んじる	権力欲, 誇大妄想, 異性に弱い
4	☊	ラーフ	弱者の見方, 改革者, 寛大な心	満足しない, 疑り深い, 秘密的
5	☿	水星	高度な知能, 言葉をうまく使う能力	考えすぎ, 神経過敏, 不安
6	♀	金星	優しさ, 愛情, 穏やかな言葉使い	ルーズな異性関係, 怠惰, 贅沢
7	☋	ケートゥ	友好的, 全ての人を平等に扱う	毒舌, 薬物・アルコールに弱い
8	♄	土星	強い意志, まじめ, 忍耐力	孤独, 復讐心が強い
9	♂	火星	情熱的, 勇敢, 決断力	怒り, 憎しみ, 暴力的

のける神）
8　アンナプルーナー神（大地の女神で豊饒を司る）
9　ドゥルガー神（戦いと勝利の女神）

エンジェル3マニュアル　http://prebalance.com/inori/manual

コラム　**天使ナビを使った実例紹介**

質問……………………私は離婚した方がいいのでしょうか？
プレマコード（交信コード）……９２１２６
エンジェルからの回答……………ＹＥＳ

交信コードの「９２１２６」は単数になおすと「２」の偶数となり、あなたの通信文の内容に対してエンジェルは、ＹＥＳと言っています。

交信コードを合計すると20になります。この2桁の数字を「カルマ数」といいます。

このカルマ数に、今のあなたの行動パターンや悩みや病気に関係する、過去世から持ち越してきている感情的なストレスの情報が含まれています。次のように書かれています。

あなたは、この感情を現世で消去しなければ、今の問題は解決しません。この20の意味は「自分を犠牲にして相手に尽くした過去」となります。

次に下2桁の26を「行動数」といいます。この数字は、先ほどのカルマを解消するためにあなたがどのように行動すべきかを教えてくれています。26の数字の意味は「裏切った相手を許し、そして自分を誰よりも愛してあげること」となります。

上2桁の92を「未来数」といいます。未来数とは、「カルマ数」と「行動数」に従い、それをあなたが実行したときに得られる未来のあなたの状態を表します。

今回の未来数から「自信と勇気、そして愛に満たされ安定した精神状態になれる」と書かれています。

今回のメッセージは、守護数を意味する三つ目の数字が「1」です。これは人間の行いの善悪を見通し、崇拝者を救済する、スーリヤ神から届いたメッセージであることを表しています。

●解説

このユーザーは、現在のパートナーと過去世でもパートナーだったようです。過去世では、その相手に裏切られましたが、それでもとことん尽くし続けました。現世では、誰よりも自分を一番に愛し、優先し、そして自由になることです。

ただ、カルマを解消するために相手を許してあげる必要はあります。

そのうえで離婚すると、あなたのこれから先の人生は、愛に満ちあふれたものになります。あなた自身が安定した精神状態となり、自信と勇気を持って生きていくことができるでしょう。

※ ここまで解説してきましたセラピーや守護天使との交信は、科学的に証明されているものではありません。
※ 各種セラピーは効果を保証するものではありません。
※ 天使ナビの判断等は、決して生命にかかわるような判断には使わないでください。
※ これらはすべて自己責任において行ってください。
※ みなさまの良識ある使い方により、幸せな人生となりますことをお祈りいたします。

第７章

質問集
── 天使からの回答 ──

祈りのセラピーQ&A集

Q 複数の異なる祈りをするよりもひとつに集中した方が叶いやすいでしょうか？

A いくつもの同じ想い（波動）が重なり合うこと（コヒーレント）で、ひとつの想いを継続して続けていくとより現実化していきます。そのため、ひとつの祈りに集中した方が叶いやすいといえます。また、ひとつの祈りをたくさんの人で祈ることも効果的です。

Q ひとつの文章に2つの祈りがあってもよいでしょうか？

A ひとつの文章中にはひとつの祈りにします。祈りの内容をあいまいにしないで、何を望んでいるのかを具体的なことばにするとより効果的です。自身の想いを整理することで良いイメージを描きやすくなり、願いが叶いやすくなります。

Q 祈りのセラピーと天使ナビはどのように使い分ければよいでしょうか？

A 祈りのセラピーは、守護天使に力を借りて自分の願いを叶えるために使用します。天使ナビは、どうしても判断できない選択をしなければならないときに使用します。

Q ことばの使い方や祈り方で気をつけることはありますか？

A できるだけていねいな言葉づかいをするように心がけましょう。マイナス思考にならないように気をつけてください。いいイメージを持って祈ることが望ましいです。イメージしたことは、良くも悪くも現実化するからです。

Q 祈りのセラピーの期間は長い方がよいのでしょうか？　また、最適化のために、期間の延長や短縮をするという考え方は成り立ちますか？

A 期間が長い程効果があることは確かです。内容によって延長や短縮は考えられます。

Q 祈ってはいけないことはありますか？

A 誰かを傷つけるような祈りには使わないでください。

Q 家族や友人へ、相手の同意がなくても祈りのセラピーをしてもよいでしょうか？

A ご自身の家族以外の祈りのセラピーは、同意がなければ基本的にはしてはいけません。その人のカルマを背負ってしまうことになります。

Q 祈りのセラピーにとって一番重要なことはなんですか？

A 見返りを期待しない「無条件の愛」に基づいていることです。愛は、願いを叶えるために神様と交流する、たったひとつの手段であるともいわれています。

Q 交信コードの偶数・奇数に優位はありますか？

A あります。

偶数＝ＹＥＳの度合いを示す数字の序列から高い順に６↓２↓４↓８となります。

奇数＝ＮＯの度合いを示す数字の序列から高い順に９↓７↓１↓３となります。

Q 守護天使に対するお願いではなく、ＹＥＳかＮＯを知るための質問に祈りのセラピーを行った場合で、出た交信コードをリーディングしてもよいでしょうか？

A はい、そのように行ってください。

Q たとえば、自分がＡさんのために祈りのセラピーを行った場合、交信コードから読み解くカルマ数や未来数、行動数は、自分に対してのメッセージですか？　それともＡさんに向けたメッセージでしょうか？

A 自分がAさんのために祈りのセラピーを行った場合、出た交信コードは、基本的にはAさんのためのカルマ数や行動数、未来数を表しています。

Q **祈りのセラピーを行い、リーディングをするたびに、さまざまなカルマが出てきますが、すべてが私のカルマなのでしょうか？　また、プレマコード表を見ると、「優しさと自信と奉仕の心で接した過去」や「無私の奉仕を行い、悟りに近づけた過去」など、良いカルマもあるようです。良いカルマはどのように解釈すればよいのでしょうか？**

A たとえば10回交信を行えば、10回のカルマ数が出てきますが、これらすべてがその方のカルマということではありません。祈りのセラピーで脳波がシータ波に変容してくると「心に響くワード」を体感できるようになり、それがその方の「カルマ」であることに気づくようになります。そのようにしてカルマを選別してください。次に「良いカルマ」の解釈ですが、カルマとは「過去世の記憶」であり、悪いカルマだけではなく、良いカルマの場合もあります。カルマ数で「良いカルマ」が表示された場合には、現世でもその良い部分を延ばすように考えればよいでしょう。また、プレバランス占星術でご自身のカルマを確認し、祈りのセラピーによるカルマと照合するといいと思います。

Q 祈りのセラピーを依頼されたときに、セラピー中に依頼者にしていただくことなどありますか？

A 依頼者には、セラピー中は不安感や恐怖心のようなものは持たずに、良いイメージを持っていてもらうことで、相乗効果が期待できます。

Q 面識のある人とない人とでは、効果に差がありますか？

A 面識のない人を祈った場合でも、効果に差が出ることはありません。自分が祈るだけでなく、そばで他人が祈っても効果はあります。遠くで面識のない人が祈っていても、また当人がそのことを知らなくても効果はあります。

Q 祈りで恋愛を成就させることはできますか？　また不妊症の女性が赤ちゃんを授かった例はありますか？

A そのようなケースはたくさんあります。マントラセラピーと併用すると一層効果を期待できます。

Q 祈りのセラピーに効果的な時間帯はありますか？

A　祈る時間はいつでもいいと思いますが、人間にはバイオリズムがありますので、それが自然のバイオリズムと共鳴する「祈りどき」ともいえる時間帯があることはあります。夜（就寝前）や朝（明け方）など、静寂な落ち着いた時間帯は脳波もアルファ波・シータ波になりやすいといわれていますので、より効果的だと思います。

Q　同じ内容の祈りでも、祈る人が変わるとその効果は変わることはありますか？

A　祈る人の「積徳」や「無条件の愛」の深さに効果は比例するのではないかと思います。祈られる方のカルマが関係してくることはあります。祈る人の意識によって効果が変わることも考えられます。

Q　まだ祈りのセラピーをはじめたばかりの方が祈ったときに、効果が出る人と出ない人がいますか？

A　多少の差はあると思います。愛を持って純粋に神様を信じて疑わずに、継続して祈ることがより良い効果を出すことにつながるでしょう。

Q　祈りのセラピーの上手な人とそうでない人との差はなんでしょうか？

A 差があるとすれば、祈る人の意識や、祈る人が持つ「愛（想いの強さ）」や「積徳」、祈りが継続しているかなどが挙げられるでしょう。また「祈りのセラピー」の使い方がしっかりできていることも必要なことだと思います。

Q 祈りのセラピーを行うにあたり、どのような心の準備が必要ですか？

A まずリラックスして、願いが叶うイメージを持って祈るとよいと思います。

Q 結果から祈りのセラピーによって得たものなのか、第三者の行為によるものなのか判別できますか？　たとえば病気の場合、祈りで回復したのか、医者の治療で回復したのか、ということです。

A 判別できると思います。どんなに努力しても人間の力だけでは実現できないような奇跡が起こったときは、祈りのセラピーの力が働いたと思ってよいのではないでしょうか。また、祈りのセラピーを行ったことで、すばらしいドクターや看護師、薬などと出会うことがあります。これらの良いご縁と流れで驚くほどの回復をみせるケースが多々あります。このような場合も、祈りのセラピーによる効果だと実感できることでしょう。

Q 「エンジェル3」を使用して祈りのセラピーをするのと、使用しないで祈るのとでは、祈りの効果は変わりますか？

A 「エンジェル3」を使用することで、より効果が高い（結果が良い）ことはまちがいありません。「エンジェル3」には、通常の祈りでは難しい、守護天使とつながりやすくするための仕組みが色々あるからです。詳しくは、解説動画や祈りのセラピスト養成講座などで説明しています。

Q 祈りのセラピーとマントラ（ご真言）をあわせて行った方が効果がありますか？

A インドではご祈祷とマントラを唱えることで、神様により近づけるとされています。まずマントラを唱えることで神様とつながりますので、そのあとに祈ることで効果が出やすくなります。

Q 祈りのセラピーは、心身の不調にもいいのでしょうか？

A 特に精神疾患（ストレス）やホルモン系、自律神経系に関してはとても効果が高いと思います。

Q 結果を疑いながら、不安な気持ちで祈りのセラピーをしても、効果は一緒でしょうか？　また祈り手の精神状態は祈りに影響しますか？

A 決してネガティブにならず、強い信念を持ち、良いイメージを持って祈る方が効果的です。祈る人がネガティブな考えだと、まちがいなく悪い結果を生み、ポジティブな考えだと必ず良い結果を生みます。

Q なぜ祈ると変化が起こるのでしょうか？

A その仕組みは「量子もつれ」によるものです。どのような祈りにも守護天使が関わっているということです。

Q 祈りのセラピーにまかせておけば、自分で努力しなくても大丈夫でしょうか？

A 祈りのセラピーをしていることを真剣に想う、そこに意識をおいておくことが大切です。祈りのセラピーを行うと同時に、ご自身も願望が現実となる強いイメージを持つことや、その努力を怠らないでください。

Q 私利私欲のために祈りのセラピーをしてもよいでしょうか？

A 私利私欲のために祈りのセラピーをすることはできるだけ避けたいものです。むしろ、利己の幸福を祈るよりも利他の幸福を祈るとき、人の幸せを心から祈るときに、自分自身も幸福になる機会が増えていきます。

Q 祈りのセラピーで良い結果が出たことによって何か失うことはありますか？

A 何も失うものはありません。良い結果が出たことに、ご自身の「積徳」をひとつ使ったと考えるのであれば、また徳を積んでいけばよいと思います。

Q 子どもに言うことをきかせるために使ってもよいでしょうか。自分の都合に合わせた祈りをしてもよいでしょうか。

A 親は祈りによって子どもを支配したり、命令しようとしたがるものですが、いつも不幸な結果をもたらします。結果的に子どものカルマをつくることにもなってしまいます。自分の都合に合わせて、相手を強制する意図を持って祈ってはいけません。

Q 祈りと同時に、神社などにお賽銭やお供物などもした方がよいでしょうか？

A 神様に感謝して、神様を心から想い、その神様が喜びそうなものをお供えしてもいいと思います。また、感謝の気持ちを込めて、どこかに寄付をすることもいいと思います。インドではドネーションといい、それも「積徳」になります。自分が受け取った神様からのギフトを誰かに寄付することによって、それが「積徳」に変わっていきます。

Q 祈りのセラピーで願いが叶ったときにお礼をした方がよいでしょうか？　またその方法はどのようにしたらよいですか？

A 願いが叶ったときの感謝の気持ちを、天使ナビで入力することもひとつの方法だと思います。ＹＥＳ・ＮＯを気にせずに、自分の感謝の気持ちを伝えればよいのです。感謝の気持ちを込めて、どこかに寄付をすることもよいと思います。

Q 戦争、飢餓、災害などのような、人類の運命を変えるような祈りをすることで、それらが起こらないようにすることはできるでしょうか？

A 宇宙の法則や神様の法則に逆らうことはできないと思いますが、ひとつの想いをたくさんの人で継続して祈ることができたのなら、いずれ叶えることはできるのではないでしょうか。ネガティブな結果を喜ぶ人たちの想いよりも、ポジティブな結果を願う人たちの祈りが勝れば、きっと実現できるでしょう。

Q 祈りのセラピーで霊障の浄霊はできますか？　そのときに自分にそのような霊が寄ってきてしまうことはありませんか？

A 可能です。ただ、引き寄せの法則から、そのようなセラピーを中心にされる方には霊的なエネルギーがどんどん集まってきてしまいます。あまり霊的なエネルギーには関わらないほうがよいと思います。

Q 祈りのセラピーによって風水的な効果を期待できますか？

A 土地や家屋の浄化（邪気を祓う）などに効果が期待できます。電磁場の問題については、科学的な測定と対策（科学風水）をお勧めします。

Q 祈りのセラピーは、お清めとして使用できますか？

A 可能です。お清めができるマントラ（カーリーマントラなど）もあります。

Q 日本人がアメリカ人を祈るなど、人種に関係なく祈ることができますか？

A 祈りは「想い」ですので、人種や言語に関係なく祈ることができます。

ペットの病気に対して祈りのセラピーは効果があるでしょうか？

はい、効果があります。言葉が通じない動物に対しても効果があります。

Q 野菜や植物などの病害虫からの不調を治すことは可能ですか？

A はい、効果があります。

Q 祈りのセラピーで気象（天気）を変えることはできますか？

A はい、可能です。台風の進路を変えたり雨を降らせたり止ませたりできますが、大災害や日照りなど人命や農作物への影響が甚大な場合にのみ行ってください。

Q 祈りのセラピーで地震や火山噴火などを防ぐことはできますか？

A かなり多くの祈りの力を結集しなければならないのですが、可能だと思います。

Q 子どもの学力をアップさせることはできますか？

A はい、やる気や集中力を上げることで学力をアップさせることが可能です。また、学力アップのマントラセラピーも併用するとより効果的です。

Q 子どもの不登校やいじめにも効果がありますか？

A 効果があります。いじめに関してはヤントラやマントラも併用してください。

Q 依存症（ギャンブル、アルコール、ゲームなど）に効果はありますか？

A エンジェル３－ＥＴや AMRITA-ETZ（アムリタ水）による心のケアも必要だと思いますが、効果は期待できます。

Q 祈りのセラピーでカルマの解消はできますか？

A はい、一番の目的がこの「カルマの解消」です。祈りのセラピーでたくさんの悩み苦しむ方を助けてあげてください。そしてご自身がもつ「恐怖」をエンジェル３－ＥＴで克服してください。

天使ナビQ&A集

Q 同じ質問を日を変えて行ってもよいですか？　その場合、どちらの答えを優先すべきでしょうか？

A 日を変えて質問をすることはおすすめしません。最初の答えを優先してください。

Q YES・NO判定をしてくれる神様はどなたですか？

A プレマコード3桁目の「守護数」の神様です。

Q 取引する会社を選んだり、人を採用するようなときに質問してもよいでしょうか？

A ぜひ、そのような状況でお使いください。

Q 判定に従わない行動をとると、どのようなことが起こりますか？

A 従わない場合、実際にどのようなことが起こるかはわかりませんが、それは神様との信頼関係が失われるようなことにはなるでしょう。本来は、誰にもわからない、本当に迷ったときだけの選択に使い、その答えには従うべきではないかと考えます。

Q 天使ナビのリーディングをビジネスに関するリーディングにも使用できますか？

A 使えないこともありませんが、「解読」が難しいかもしれません。

Q メールのやりとりをするように守護天使との会話に使用してもよいでしょうか？

A チャットのように守護天使とリアルタイムなコミュニケーションを楽しむのもよいと思います。そうすることが覚醒へのトレーニングとなり、覚醒へと誘導してくれます。

Q YES・NO判定をしたとき、必ずリーディングもした方がよいでしょうか。

A ただYESかNOの判断だけを求める場合には、リーディングは不要です。

マントラセラピーQ&A集

Q マントラセラピーはどのようなときに使うのでしょうか？

A 運命のさまざまな困難に対してマントラに対応する神々と一体になる（バイブレーションを一致させる）ことで、神々からの恩恵をいただけることができるセラピーです。

Q どうすればマントラセラピーの効果を高められますか？

A ヤントラを併用することをおすすめします。

Q マントラセラピーはどのくらいの回数を何日間かけて行うのでしょうか？

A 最少で１０８回は流してください。内容によりますが毎日、流すとよいでしょう。

Q マントラセラピーは誰にでも使えるものなのでしょうか？

A 使いこなすためにはプレバランス占星術やインド占星術の知識が必要です。簡単な使い方は「プレバランス占星術のブログ」などにアップしていますのでご参照ください。

Q 今後、新しいマントラが増えることはありますか？

A はい、マントラはまだまだたくさんありますので、必要に応じて増やしていきます。マントラは七千万種類あるとされています。ある程度、増えた時点でバージョンアップさせることになります。

Q マントラはインドのマントラ以外にもご真言などを追加することはできますか？

A はい可能です。ご真言に限らず、ヒーリングミュージックなどを追加することも可能ですが、現時点では行っていません。

Q マントラセラピーを行うことで副作用はありますか？

A マントラのなかには副作用があるものもありますが、「エンジェル３」に登録されているマントラには、そのようなマントラはありませんので、安心してお使いください。

Q 同時にたくさんのマントラを流すことは可能でしょうか？

A 10トラックまで流してもよいとされていますが、その場合には同じ系列（たとえば財運など）で流してください。

Q 誤ったマントラを選択して流した場合に、何か問題になることがあるでしょうか？

A 特にありません。

Q 効果の高いスタンダードなマントラはありますか？

A ガネーシャマントラ・ガヤトリーマントラ・シヴァマントラはおすすめです。「エンジェル3」はシヴァ神からの指示を受けて開発したものです。SV-1の「SV」とはシヴァ神を表しています。このことからも、シヴァマントラはとても効果があるマントラといえます。

Q マントラを唱えるのに効果的な時間帯はありますか？

A 瞑想をしながら唱えると効果的ですので、落ち着いて瞑想ができる時間帯がよいです。また、蝕（しょく）といわれる時期、日蝕や月蝕のときなどはマントラの効果が高まるとされています。できれば毎日同じ時間に行うとよいと思います。

Q マントラの効果を上げるためのポイントをいくつか教えてください。

A
① マントラの効果を疑わないこと
② 感情的にならないこと
③ 神を信じ、宇宙の愛を信じ、優しく根気強く唱えること
④ 肉食や飲酒を避けて祈ること

Q 相手を懲らしめるマントラはありますか？

A 敵を殺すマントラもあるようですが、マントラ集のなかには用意していません。またそのようなマントラを使うことは、おすすめしません。プレバランスが目指すものは「愛と調和」です。

Q マントラは、最大何回まで唱えるように設定されていますか？

A 一万回です。基本的にひとつのマントラは一回の設定で三回流れるようになっていますので最大三万回まで可能です。

Q マントラセラピーでは、Gコード、住所、氏名、通信文の入力をしなくてもよいのでしょうか？

A ひとりに対するマントラセラピーの場合はGコード、住所、名前を入力してもしなくても大丈夫です。複数の人に向けてマントラを流すのであれば、どなたへのマントラかわかるようにGコード、住所、名前を入力します。マントラを再生中であっても、中止することなく入力が可能です。

通信文は、入力してもしなくても構いませんが、入力することにより、想いが重なり、良い結果になると思います。

先に「祈りのセラピー」を数分流してから、マントラを流すのもよろしいかと思います。

第８章

祈りのセラピー
例文集

祈りのセラピー例文集

《病気編》

♥〇〇の左腕の痛みが消えて、ぐっすり寝られるようにお願いいたします（毎晩腕の痛みで寝られない人の祈り）

♥〇〇の右足の手術が成功し、痛みなどがなく歩けますようにお願いいたします（リウマチで手術することになった人への祈り）

♥〇〇の原因が消えて、体調が良くなりますようにお願いいたします（原因不明の下痢でずっと苦しむ人への祈り）

♥愛犬〇〇の腎臓病が治り元気になりますようにお願いいたします（情報転写水と併用されるとより効果的）

♥息子が心穏やかに過ごせますようによろしくお願いいたします（注意欠陥多動症・ＡＤ

ＨＤの子を持つ母親の祈り）

♥○○の心筋梗塞の症状が収まり、退院していつもの生活ができるようにお願いいたします

♥私の母の気力が元のように戻り、元気になりますよう、よろしくお願いいたします（最近めっきり元気のなくなった母への祈り）

《人間関係・恋愛編》

♥○○の不妊治療がうまくいき、子どもを授かりますようにどうぞよろしくお願いいたします（不妊治療中の主婦が妊娠を願う祈り）

♥家出した娘が無事に戻ってきますようにお願いいたします

♥引っ越し先で親子４人が仲良く、楽しく過ごせるようにお願いいたします

《お金・仕事編、その他》

♥今月の支払いが無事にできますようにお願いいたします（不況が続く中小企業の経理担当者の祈り）

♥今日の打ち合わせがうまくいきますようにお願いいたします（会社で重要なプレゼンを行うサラリーマンの祈り）

♥母が○日からの裁判で勝訴できるようにどうぞよろしくお願いいたします

♥お客様がたくさん来店しますようにお願いいたします（商売繁盛を願って、毎日祈りのセラピーを続けるとよい結果を生みます）

♥息子が明日の試合にスタメンでフル出場できますようによろしくお願いいたします

♥○○市××の△番地の土地が4月までに買い手がつきますようにお願いいします

《おすすめできない祈り》

- ○○高校に必ず合格できますよう、どうぞよろしくお願いいたします（「必ず」といった神様に念を押すような祈りは失礼です）
- ハワイに遊びに行くためのお金が借りられますようにお願いします（私利私欲の祈りは控えましょう）
- ○○さんが私を好きになりますように（人の心を操作することはカルマを作ります）
- 東京で、○○のセミナーを有意義に受けることができて、その日のうちに無事に帰宅できますように（一度にたくさんの祈りは想いが分散し、効果が低くなります）
- 私の怒り、憎しみ、そして深い悲しみが増大せず、大宇宙の慈悲と慈愛に転換できますようによろしくお願いします（漠然とした祈りは効果が期待できません）

《してはいけない祈り（誰かを傷つける祈りや自分勝手な祈り）》

✖○○がケガして試合に出られないようにお願いいたします

✖上司が他の部署へ異動するようにお願いいたします（嫌いな上司が他の部署へ異動するようにとの祈り）

天使ナビ例文集

《病気編》

♥○○病院に行くといいでしょうか（いくつかの病院の候補があって決められないとき）

たとえば、A病院、B病院、C病院の3つの候補があり、どの病院がいいか判定したいとします。「私の行くべき病院はA病院でしょうか」「私の行くべき病院はB病院でしょうか」「私の行くべき病院はC病院でしょうか」と3つの病院で聞いてみます。

ケース1では、A＝YES、B＝YES、C＝NOという答えになりました。この場合には、AとBが候補となり、偶数の序列の高い病院から選びます。偶数の序列は高い順に、6→2→4→8となります。

ケース2では、A＝NO、B＝NO、C＝NOという答えになりました。この場合には、このなかに候補はないと考えます。どうしても選ばなければならない場合には、奇数の序列から低い順から選びます。奇数の序列は高い順に9→7→1→3となります。

このような判定方法は、病院の選択に限らず、複数の選択肢のなかから選ぶときに使います。数字の序列は、YESやNOの度合いを示すもので、神様の優劣を示すものではありません。

※不適切な使い方の例文

原則として「天使ナビ」は、どちらかどうしても自分で決められないときの「選択」に使います。検査・調査すればわかること・いずれ判明することでは使いません。また、すべて「天使ナビ」で決めるというような依存はしないことが重要です。

✖私はがんでしょうか？（まず検査機関で調べましょう。その後、もしがんであれば「祈りのセラピー」を行うのはよいでしょう）

✖薬は一錠にした方がいいでしょうか？（病院の処方に従ってください）

✖病院に行った方がいいでしょうか？（生命にかかわるような重大な選択にはすすめられません。どうしても選択が必要なケースでは自己責任において決めてください）
✖私の病気の原因は○○でしょうか？（検査機関で調べましょう。プレバランスのホリスティック原因療法で調べるのもよいと思います）

《人間関係・恋愛編》

♥私は○○さんと結婚（離婚）した方がいいでしょうか？
♥親と一緒に暮らすべきでしょうか？
♥結婚するのによい月を教えてください（未来数で決める）
1～12が出たら、その数字がなん月かを表しています。00の場合は「まだ早い」という意味です。たとえば、99は単数で9月、22は単数で4月、29は11月と考えてください。そのほか、プレバランス占星術も参考にしてください。

※不適切な使い方の例文

✖○○さんは、私を愛しているでしょうか？（本人に確認してください）

「エンジェル3」の使い方としては「○○さんに愛を告白する勇気を私に与えてください」と「祈りのセラピー」を行うのがよいでしょう。

《お金・仕事編、その他》

♥息子は○○の大学へ進学させた方がいいでしょうか？（○○学部などを入れるとよい）

♥旅行は、延期した方がいいでしょうか？（体調が悪く行こうかやめようか迷っている）

♥○○さんを社員として採用した方がいいでしょうか？

♥○○会社に入社した方がいいでしょうか？（何社か内定が決まり、絞り込む場合）

♥私が○○会社を辞めるのは○○年○○月でいいでしょうか？（具体的な期日を自分が決めて質問する）

♥◯◯会社と取引した方がいいでしょうか？

※不適切な使い方の例文

✖息子は◯◯高校に合格できるでしょうか（すでに受験していたり、または受験することが決まっているケースでは使用しない。このようなケースでは、「息子が◯◯高校に合格できますように」といった「祈りのセラピー」を行います）

✖明日はよいお天気になるでしょうか（天気予報で確認してください）

✖AランチとBランチのどちらを選んだらいいでしょうか（このような日常的な選択に安易に使うことは依存となりますのでおすすめできません）

あまり重要ではない質問は守護天使に失礼ですのでやめてください。またすべてを依存しないようにしてください。

第 9 章

資料集

商品のご案内

◀エンジェル3
神様に守護されるための「祈りのセラピー」、迷いを解消する「天使ナビ」、
運命を好転させる「マントラセラピー」、3つのセラピー機能を搭載

エンジェル3-ET・プレートB・転写ボトル ▶
量子レメディを使った遠隔転写によるセラピー機能が追加

▲ETZ（PCブレスットET付き）
エンジェル3の完全完結版
強力な量子療法・祈りのセラピーが可能に！

■ エンジェル3シリーズ3タイプの比較

デバイス	対象	祈りのセラピー	天使ナビ	マントラセラピー	遠隔転写	量子ホメオパシー			付属品	オプション(転写アイテム)			価格(円)
						感情レメディ115種	拡張レメディ1472種	オリジナルレメディ		転写プレートA	転写ボトル	PCブレスレットET	
Angel3	初級者	○	○	○	×	×	×	×	—	—	—	—	58,000
Angel3-ET	中級者	○	○	○	○	○	△※1	○	転写プレートB	○	○	○	87,000
ETZ	上級者	○	○	○	○	○	○	○	転写プレートB	不要	不要	○	240,000

価格は税抜き価格

備　考
※1 エンジェル -ET の拡張レメディは、「拡張レメディ 1472 コード」のサンプルとして 21 種のみとなります。 ※　ETZ の一番の特徴は「量子ホメオパシー」のレメディが豊富なことです。

●「エンジェル3」を会員限定で販売する理由

「エンジェル3」を会員限定で販売する理由は、「コミュニケーションコスト(7)が高い商品」であることが理由に挙げられます。

私はエンジニアとして、エビデンスや科学的根拠がないものに関しては信用しないというスタンスで生きてきました。基本的にそういう自分のポリシーがあるので、独自に開発した「エンジェル3」には科学的根拠や原理に基づいて開発したつもりです。ただ現代科学では解明できない、または測定できないエネルギーや宇宙の仕組みについて、すべての人にそれを説明し理解していただくことは困難だと考えています。

「論より証拠」という言葉がありますが、私は「気」を両手から発し、どなたにも納得していただける、これが「気」であるという「気」のパワーを発することができます。しかし「気」に関しての科学的根拠や、エネルギーの測定ができるのかというと数値で示せるものではありません。現代科学では、「気」や祈りの力のようなパワーについても理解を得られている状況ではありません。まだまだ科学が追いついてきていません。

しかし「エンジェル3」をお使いいただくことで、奇跡的な結果やあり得ない現象が起こるということは、実際に自分で手にして使用することで納得できると信じています。

解明されていない科学に関して、頭ごなしに宗教であるとかインチキであるとか、否定的にお考えの方にとっては理解しがたいものであると思います。また、奇跡的な現象もただの偶然だとか、たまたまだったのではないかと否定されることは一目瞭然です。

「エンジェル３」に関して、コミュニケーションコストの高い人たちにどんなに説明しても、時間を奪われてしまうだけで、お互いの利益にも発展にもつながりません。それならば、「エンジェル３」のすばらしさを信じ、素直で純粋な気持ちを持つ方にお使いいただきたいと私は思います。私のセラピーやカウンセリング（占星術リーディング）を経験し、実際の体験を通じて私の行っていることを「深く理解している」方に限定して販売しています。「エンジェル３」が本物であれば（もちろん自信はあります）自然に口コミで広がっていくだろうと考えています。

「エンジェル３」はコミュニケーションコストが高い商品であることを、どうぞご理解のほどよろしくお願いいたします。

祈りのセラピスト認定ステッカー
（ビジネスコース）

（7）「意思疎通にかかる損失」のこと

■ エンジェル3・各種講座&系統図

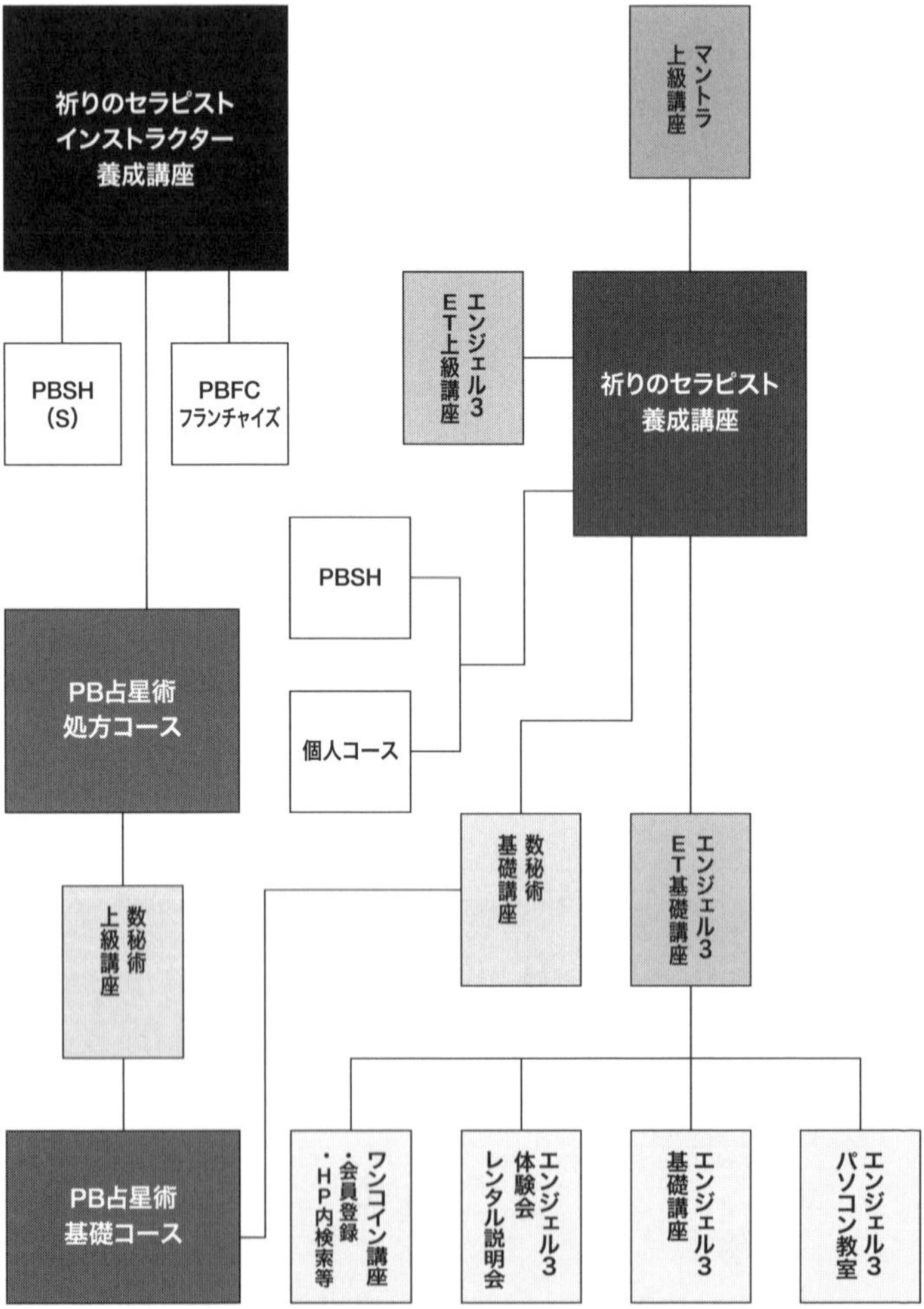

PBSHは代理店、PBSH(S)は講座開催と指導ができる代理店を表す

あとがき

2月24日は私の母の誕生日です。

今思い返してみれば、私が治療家を目指すことになったのは、母のリウマチをはじめとする家族の病気を、私の研究で治したいという想いからでした。

どんなときも穏やかに献身的な愛ですべてのものに接し、家族に優しく、人を大事にする母です。そんな母がリウマチのつらい痛みに耐え、笑顔をなくす姿に、サラリーマンを辞めて治療家になるという覚悟が芽生えたのです。

有限会社プレバランスの設立は、母の提供してくれた土地などの支援なくしてはできませんでした。いつも私を心から愛し、一番に応援してくれるのは母でした。今回のこの本の出版に関してもそうです。

ひょっとすると、母がリウマチになったのは、私が治療家になってたくさんのことを学ぶためだったのかとも思っています。

祈りの原理となる「量子もつれ」も、私と母との体調の関係から気づきました。私と私の母は、まるで双子のようなもつれた状況がたくさんあります。誰しも親子であるのなら、ましては母親とはそのような経験をしたことがあるかもしれません。たとえば母親の心臓の調子が悪いと、私にも同じような症状が起こりました。離れていても、時間に関係なく、母に異変が起これば私も瞬時に同じ異変を体感しました。私の記念すべき第1作目のこの本を、さまざまな支援をしてくれた母へ愛と感謝を込めて、贈りたいと思うのです。

「SV－1エンジェル」1号機の発売日も2月24日でした。「エンジェル3」にバージョンアップして、これからもたくさんの人を救うことでしょう。

この本が、私の強い思い入れがあるこの日に出版できたことは、私の人生に刻まれる大事な記念すべき日となることは言うまでもありません。

これまで私が個人レベルで様々な研究を重ねることができたのは、私の両親、家族をはじめ、プレバランスのお客様からの私への信頼がとても大きいと感じています。

たくさんの人との出会いがありましたが、良くも悪くもすべてが学びでした。マイナスを知るからプラスを知り、病気を知るから健康を知り、ネガティブを知るからポジティブを知り、苦しみを知るから幸せを知ります。

病気、人間関係、お金に関してなど、誰しもさまざまな悩みや問題を抱えて生きていると思います。そのすべての問題の解決法は「愛と調和」です。

インドから帰国後、大天使プレマから「愛と調和」＝「プレバランス」という名前の会社を設立するようにとメッセージを受けとりました。あれから20年間、進む道に一度もぶれることはありません。

すべての研究や開発、セラピストとしての人生の根底には「愛と調和」があります。「愛と調和」を突き詰めていくと、エントロピー、スピン偏極、量子もつれという量子レベルでの研究につながりました。

私の20年に及ぶ研究により、「プレバランス」という「祈りのセラピー」を完成させました。この本を手に取った皆様とともに「プレバランス」を通して、私の夢である「病人や悩み苦しむ人のいない社会」を創れることを期待しています。

そして最後に、膨大な研究内容や私の想いを忠実にかつ正確に投影した原稿を書き、見事に完成させてくれた私の秘書であり弟子でもある石川美香子に感謝の想いをここに記します。最後までお読みくださいました読者の皆様、私に関わるすべての方々に多大なる感謝を申し上げます。みなさんの手元に「エンジェル3」が届き、「祈りのセラピスト」がどんどん誕生しますように。

すべての問題の解決は「愛と調和」「プレバランス」です。

２０１９年2月24日

紫波光太郎

祈りのセラピー創始者

紫波光太郎

Koutarou Shiba

SV-1、SV-1エンジェル3の開発者。エネルギーセラピスト。

インド占星術師として500名以上の受講生を養成する傍ら、述べ4万人以上をカウンセリング・セラピーした実績を持つ。その一方で、エンジニアだった経験を活かし、様々なソフトや装置の研究・開発を重ねる。インド占星術以外にも、数秘術、人相学、手相学、科学風水師、波動セラピー、オイルテラピー、ハーブ療法、祈祷、マントラ、宝石処方、チャネリング、遠隔透視、気功、レイキヒーリングなどを探求。これらの幅広い知識と技術を取り入れたカウンセリング・セラピーを行い、多くの人の問題解消をサポートしている。

《主な開発装置など》

◎ **プレバランス占星術ソフト**
日本初の日本語版インド占星術ソフト

◎ **エンジェル3**
祈祷やマントラを自動で行うデバイス（装置）

◎ **SV-1バイオフォトン療法**
経絡やバイオフォトンを調整する、国産の波動装置

◎ **GP-1**
科学風水で病気の原因とされるジオパシックストレスを測定する、国産の地磁気変動測定器

◎ **AMRITA-ETZ**
カルマ（恐怖）を消去し、エントロピーの増大を低減する水「アムリタ水」

《ウェブサイト》

◎ **プレバランス** http://www.prebalance.com/

《QRコード》

◀ プレバランス公式ホームページ

◀ 認定サロン

◀ LINE通信購読はこちら

祈りの科学の量子療法

ドクターが評価するAIプログラムが、あなたの人生を好転させる

初版発行　2019年2月24日

著　　者　紫波光太郎

発行人　西 宏祐

発行所　株式会社 ビオ・マガジン
〒141-0031 東京都品川区西五反田8-11-21 五反田TRビル1F
［電話］03-5436-9204
［FAX］03-5436-9209
［URL］http://biomagazine.co.jp/

装丁·DTP　山添創平（FLAT CREATIVE）

編集協力　向 千鶴子

印刷所　株式会社シナノパブリッシングプレス

ISBN978-4-86588-041-0　C0011